Nomen (Namenwörter)

Ordne die Nomen (Namenwörter).

die Oma	die Palme	der Löwe	die Tochter
die Ente	die Freundin	der Opa	die Blume
die Frau	das Gras	die Eule	der Bruder
der Baum	der Hase	die Schwester	der Fisch
die Maus	der Junge	der Frosch	der Busch
die Tante	der Strauch	die Raupe	die Eltern

Menschen

die Oma	die Tochter
die Freundin	der Opa
die Frau	der Bruder
die Schwester	der Junge
die Tante	die Eltern

Tiere

der Löwe	die Ente
die Eule	der Hase
der Fisch	die Maus
der Frosch	die Raupe

Pflanzen

die Palme	die Blume
das Gras	der Baum
der Busch	der Strauch

Nomen (Namenwörter)

Ordne die Nomen (Namenwörter).

die Haut	die Lampe	die Melone	der Hals
das Auto	das Bein	der Kalender	der Apfel
die Nase	die Banane	das Auge	die Seife
der Arm	die Ampel	die Birne	der Bauch
das Buch	das Gesicht	der Salat	die Zitrone
der Kopf	die Tomate	der Finger	die Gurke

Körperteile

die Haut — der Hals

das Bein — die Nase

das Auge — der Arm

der Bauch — das Gesicht

der Kopf — der Finger

Obst und Gemüse

die Melone — der Apfel

die Banane — die Birne

der Salat — die Zitrone

die Tomate — die Gurke

Dinge

die Lampe — das Auto

der Kalender — die Seife

die Ampel — das Buch

Nomen (Namenwörter)

Ordne die Nomen (Namenwörter).

der April	die Gabel	Tom	die Hose
Lena	der Oktober	die Schere	Peter
der Tisch	Sonja	die Tasche	der Juli
Martin	der September	der Eimer	Anja
der Juni	das Telefon	Tim	der Stift
Heidi	das Fenster	der Dezember	die Kerze

Dinge

die Gabel	die Hose
die Schere	der Tisch
die Tasche	der Eimer
das Telefon	der Stift
das Fenster	die Kerze

Namen

Tom	Lena
Peter	Sonja
Martin	Anja
Tim	Heidi

Monate

der April	der Oktober
der Juli	der September
der Juni	der Dezember

Nomen (Namenwörter)

Ordne die Nomen (Namenwörter).

der Samen	die Zeitung	der Morgen	das Paket
die Stunde	der Ast	der Pinsel	die Minute
das Regal	die Sekunde	die Tür	die Frucht
der Ring	die Blüte	die Woche	das Heft
die Wurzel	der Winter	das Sofa	der Monat
die Nacht	der Hut	die Rinde	der Topf

Dinge

die Zeitung	das Paket
der Pinsel	das Regal
die Tür	der Ring
das Heft	das Sofa
der Hut	der Topf

Zeit/Tageszeit/Jahreszeit

der Morgen	die Stunde
die Minute	die Sekunde
die Woche	der Winter
der Monat	die Nacht

Pflanzenteile

der Samen	der Ast
die Frucht	die Blüte
die Wurzel	die Rinde

Nomen (Namenwörter)

Kreuze an.

Nomen (Namenwörter) werden großgeschrieben. ☒ ja ☐ nein

Die bestimmten Artikel (Begleiter) heißen der, die, das. ☒ ja ☐ nein

Welches Nomen (Namenwort) gehört zu dem Bereich „Menschen“?

☐ die Zahl ☐ der Zucker ☒ der Sohn ☐ die Wiese

Welches Nomen (Namenwort) gehört zu dem Bereich „Tiere“?

☐ der Onkel ☐ der Abend ☐ das Kleid ☒ die Biene

Welches Nomen (Namenwort) gehört zu dem Bereich „Pflanzen“?

☐ der August ☐ der Ball ☒ die Hecke ☐ das Geld

Welches Nomen (Namenwort) gehört zu dem Bereich „Körperteile“?

☒ der Fuß ☐ der Dienstag ☐ der Brief ☐ die Familie

Welches Nomen (Namenwort) gehört zu dem Bereich „Obst und Gemüse“?

☐ der Zahn ☒ die Zwiebel ☐ das Zimmer ☐ der Wind

Welches Nomen (Namenwort) gehört zu dem Bereich „Dinge“?

☐ der Rücken ☐ die Kuh ☐ der Frühling ☒ der Schuh

Welches Nomen (Namenwort) gehört zu dem Bereich „Zeit“?

☒ der Tag ☐ der Computer ☐ der Freund ☐ das Blatt

Welches Nomen (Namenwort) gehört zu dem Bereich „Jahreszeit“?

☐ das Mädchen ☐ die Pommes ☒ der Sommer ☐ der Käfer

Welches Nomen (Namenwort) gehört zu dem Bereich „Pflanzenteile“?

☐ der Januar ☒ der Stängel ☐ das Pferd ☐ der Sand

Schreibe die Mehrzahl.

eine Ampel	n	viele Ampeln
ein Auge	n	viele Augen
eine Schule	n	viele Schulen
eine Tasche	n	viele Taschen
eine Hose	n	viele Hosen
eine Ente	n	viele Enten
eine Frage	n	viele Fragen
eine Nase	n	viele Nasen
eine Raupe	n	viele Raupen
eine Blume	n	viele Blumen
eine Stunde	n	viele Stunden
eine Woche	n	viele Wochen
eine Blüte	n	viele Blüten
eine Eule	n	viele Eulen
eine Schere	n	viele Scheren
ein Name	n	viele Namen
eine Birne	n	viele Birnen
ein Hase	n	viele Hasen
eine Wurzel	n	viele Wurzeln
ein Junge	n	viele Jungen
eine Minute	n	viele Minuten
eine Tante	n	viele Tanten
eine Schwester	n	viele Schwestern
eine Aufgabe	n	viele Aufgaben

! Kinder mit Schwierigkeiten bei der Mehrzahlbildung können sich an den Hilfen in den Graufeldern orientieren.

Schreibe die Mehrzahl.

ein Fisch	e	viele Fische	ein Arm	e	viele Arme
ein Bein	e	viele Beine	ein Brot	e	viele Brote
ein Monat	e	viele Monate	ein Stift	e	viele Stifte
ein Mensch	en	viele Menschen	eine Tür	en	viele Türen
eine Frau	en	viele Frauen	ein Fels	en	viele Felsen
ein Geist	er	viele Geister	ein Nest	er	viele Nester
ein Licht	er	viele Lichter	ein Gesicht	er	viele Gesichter
ein Auto	s	viele Autos	ein Foto	s	viele Fotos
ein Finger	=	viele Finger	ein Flügel	=	viele Flügel
ein Körper	=	viele Körper	ein Fenster	=	viele Fenster

Kreuze an.

Nomen (Namenwörter) gibt es in der Einzahl und Mehrzahl.	☒ ja	☐ nein
Einzahl und Mehrzahl werden immer gleich geschrieben.	☐ ja	☒ nein

Nomen (Namenwörter)

Kreuze die Nomen (Namenwörter) an und schreibe sie groß.

☐ schmal	☒ rose	☒ tisch	☒ banane
Rose	Tisch	Banane	
☒ raupe	☐ leicht	☒ auge	☒ woche
Raupe	Auge	Woche	
☒ eule	☐ leise	☒ baum	☒ schwester
Eule	Baum	Schwester	
☒ winter	☒ ampel	☐ stark	☒ haus
Winter	Ampel	Haus	
☒ kuchen	☒ heidi	☐ schlau	☒ apfel
Kuchen	Heidi	Apfel	
☐ kalt	☒ nebel	☒ tasche	☒ gesicht
Nebel	Tasche	Gesicht	
☒ bein	☒ frau	☒ löwe	☐ lang
Bein	Frau	Löwe	
☒ hase	☐ falsch	☒ körper	☒ flasche
Hase	Körper	Flasche	
☒ gras	☒ stift	☒ martin	☐ eng
Gras	Stift	Martin	
☐ klein	☒ august	☒ sofa	☒ flügel
August	Sofa	Flügel	
☒ auto	☒ bruder	☒ ente	☐ langsam
Auto	Bruder	Ente	
☐ teuer	☒ blume	☒ garten	☒ freundin
Blume	Garten	Freundin	

! Die Verfahren zum Erkennen von Nomen (Namenwörtern) sollten mit den Kindern besprochen werden.

Nomen (Namenwörter)

Kreuze die Nomen (Namenwörter) an und schreibe sie groß.

☒ bauch	☒ hose	☐ breit	☒ brot
Bauch	Hose	Brot	
☐ weit	☒ kopf	☒ maus	☒ sekunde
Kopf	Maus	Sekunde	
☒ ast	☒ nacht	☒ salat	☐ quer
Ast	Nacht	Salat	
☒ frucht	☒ wort	☐ fein	☒ fenster
Frucht	Wort	Fenster	
☒ nase	☒ dach	☒ maja	☐ frisch
Nase	Dach	Maja	
☐ hart	☒ tante	☒ paket	☒ telefon
Tante	Paket	Telefon	
☒ saft	☐ schlecht	☒ tür	☒ gemüse
Saft	Tür	Gemüse	
☒ jan	☒ kraut	☐ neu	☒ aufgabe
Jan	Kraut	Aufgabe	
☒ monat	☐ schwer	☒ strauch	☒ tochter
Monat	Strauch	Tochter	
☐ schön	☒ quadrat	☒ stange	☒ dezember
Quadrat	Stange	Dezember	
☒ minute	☒ busch	☒ kalender	☐ warm
Minute	Busch	Kalender	
☐ frei	☒ insel	☒ name	☒ brötchen
Insel	Name	Brötchen	

Zusammengesetzte Nomen (Namenwörter)

Bilde zusammengesetzte Nomen (Namenwörter) und schreibe sie groß.

Glas + Flasche	Glas + Tisch
Glasflasche	Glastisch
Apfel + Kuchen	Apfel + Baum
Apfelkuchen	Apfelbaum
Regen + Wolke	Regen + Schirm
Regenwolke	Regenschirm
Dach + Fenster	Dach + Boden
Dachfenster	Dachboden
Winter + Mantel	Winter + Monat
Wintermantel	Wintermonat
Haus + Tür	Haus + Dach
Haustür	Hausdach
Kopf + Tuch	Kopf + Salat
Kopftuch	Kopfsalat
Garten + Haus	Garten + Zaun
Gartenhaus	Gartenzaun
Sport + Hose	Sport + Stunde
Sporthose	Sportstunde
Frucht + Saft	Frucht + Eis
Fruchtsaft	Fruchteis
Brot + Scheibe	Brot + Krümel
Brotscheibe	Brotkrümel
Post + Bote	Post + Auto
Postbote	Postauto

Zusammengesetzte Nomen (Namenwörter)

Bilde zusammengesetzte Nomen (Namenwörter) und schreibe sie groß.

Winter	+	Kleidung	Winter	+	Anfang
Winterkleidung			Winteranfang		
Apfel	+	Saft	Apfel	+	Schale
Apfelsaft			Apfelschale		
Regen	+	Wurm	Regen	+	Tropfen
Regenwurm			Regentropfen		
Tisch	+	Bein	Tisch	+	Tuch
Tischbein			Tischtuch		
Auto	+	Dach	Auto	+	Reifen
Autodach			Autoreifen		
Finger	+	Nagel	Finger	+	Farbe
Fingernagel			Fingerfarbe		
Haus	+	Flur	Haus	+	Aufgabe
Hausflur			Hausaufgabe		
Kopf	+	Haut	Kopf	+	Wunde
Kopfhaut			Kopfwunde		
Fisch	+	Auge	Fisch	+	Maul
Fischauge			Fischmaul		
Winter	+	Ende	Winter	+	Zeit
Winterende			Winterzeit		
Apfel	+	Schorle	Apfel	+	Ernte
Apfelschorle			Apfelernte		
Regen	+	Bogen	Regen	+	Mantel
Regenbogen			Regenmantel		

Zusammengesetzte Nomen (Namenwörter)

Bilde zusammengesetzte Nomen (Namenwörter) und schreibe sie groß.

Kinder + Sendung	Kinder + Kleidung
Kindersendung	Kinderkleidung
Kinder + Buch	Kinder + Schere
Kinderbuch	Kinderschere
Kleider + Haken	Kleider + Bügel
Kleiderhaken	Kleiderbügel
Eier + Kuchen	Eier + Becher
Eierkuchen	Eierbecher
Augen + Farbe	Augen + Braue
Augenfarbe	Augenbraue
Enten + Küken	Enten + Teich
Entenküken	Ententeich
Hosen + Bein	Hosen + Tasche
Hosenbein	Hosentasche
Nasen + Loch	Nasen + Tropfen
Nasenloch	Nasentropfen
Seifen + Blase	Seifen + Schaum
Seifenblase	Seifenschaum
Taschen + Buch	Taschen + Lampe
Taschenbuch	Taschenlampe
Wochen + Ende	Wochen + Markt
Wochenende	Wochenmarkt
Hunde + Schnauze	Hunde + Leine
Hundeschnauze	Hundeleine

Zusammengesetzte Nomen (Namenwörter)

Trenne die zusammengesetzten Nomen (Namenwörter).

Tisch|lampe	Tisch	+	Lampe
Haus|eingang	Haus	+	Eingang
Eis|zeit	Eis	+	Zeit
Leder|tasche	Leder	+	Tasche
Winter|schal	Winter	+	Schal
Garten|blume	Garten	+	Blume
Hals|tuch	Hals	+	Tuch
Frucht|salat	Frucht	+	Salat
Mantel|knopf	Mantel	+	Knopf
Tafel|kreide	Tafel	+	Kreide
Feuer|leiter	Feuer	+	Leiter
Ast|gabel	Ast	+	Gabel
Zebra|streifen	Zebra	+	Streifen
Salat|gurke	Salat	+	Gurke
Baum|haus	Baum	+	Haus
Auto|tür	Auto	+	Tür
Kuchen|gabel	Kuchen	+	Gabel
Nacht|gespenst	Nacht	+	Gespenst

! Die Großschreibung beider Nomen (Namenwörter) sollte mit den Kindern besprochen werden.

Zusammengesetzte Nomen (Namenwörter)

Trenne die zusammengesetzten Nomen (Namenwörter).

Eltern|haus	Eltern	+	Haus
Winter|sport	Winter	+	Sport
Licht|schalter	Licht	+	Schalter
Fenster|scheibe	Fenster	+	Scheibe
Kraut|salat	Kraut	+	Salat
Wunder|tüte	Wunder	+	Tüte
Baum|wurzel	Baum	+	Wurzel
Garten|schere	Garten	+	Schere
Gemüse|saft	Gemüse	+	Saft
Post|paket	Post	+	Paket
Regen|zeit	Regen	+	Zeit
Auto|schlange	Auto	+	Schlange
Welt|kugel	Welt	+	Kugel
Fisch|teich	Fisch	+	Teich
Dach|garten	Dach	+	Garten
Leder|sofa	Leder	+	Sofa
Glas|tür	Glas	+	Tür
Brot|dose	Brot	+	Dose

Zusammengesetzte Nomen (Namenwörter)

Trenne die zusammengesetzten Nomen (Namenwörter).

Kinder|wagen	Kinder	+	Wagen
Kinder|garten	Kinder	+	Garten
Bilder|buch	Bilder	+	Buch
Bücher|wurm	Bücher	+	Wurm
Geister|stunde	Geister	+	Stunde
Eier|becher	Eier	+	Becher
Hosen|knopf	Hosen	+	Knopf
Nasen|ring	Nasen	+	Ring
Stunden|plan	Stunden	+	Plan
Taschen|tuch	Taschen	+	Tuch
Lampen|schirm	Lampen	+	Schirm
Pausen|brot	Pausen	+	Brot
Augen|licht	Augen	+	Licht
Seifen|schale	Seifen	+	Schale
Dosen|fisch	Dosen	+	Fisch
Rosen|blüte	Rosen	+	Blüte
Blumen|topf	Blumen	+	Topf
Hunde|knochen	Hunde	+	Knochen

Groß- und Kleinschreibung

Unterstreiche die Nomen (Namenwörter) und schreibe die Sätze richtig.

X	An der ampel warten kleine kinder und singen.	2
X	Drei hunde und ein hase laufen über die felder.	3
X	Wir lesen eine geschichte über altes gemüse.	2
X	Über peters nase wandern zwei grüne raupen.	3
X	Der kopf und der bauch gehören zum körper.	3
X	Die beine der maus sind kürzer als eine nudel.	3

Drei Hunde und ein Hase laufen über die Felder.

An der Ampel warten kleine Kinder und singen.

Über Peters Nase wandern zwei grüne Raupen.

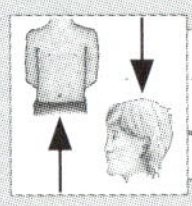

Der Kopf und der Bauch gehören zum Körper.

Wir lesen eine Geschichte über altes Gemüse.

Die Beine der Maus sind kürzer als eine Nudel.

! Die unterstrichene graue Zahl zeigt die Anzahl der Nomen (Namenwörter) an.

Unterstreiche die Nomen (Namenwörter) und schreibe die Sätze richtig.

☒	Das buch über eine grüne hose kostet acht euro.	3
☒	Hinter dem haus ist ein garten mit einem baum.	3
☒	Das gesicht von mama ist so rot wie ein apfel.	3
☒	In der schule rechnen wir eine leichte aufgabe.	2
☒	Der kleine wim und seine tante braten zwei eier.	3

Hinter dem Haus ist ein Garten mit einem Baum.

Das Gesicht von Mama ist so rot wie ein Apfel.

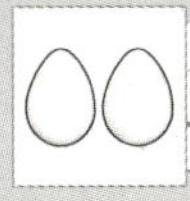
Der kleine Wim und seine Tante braten zwei Eier.

Das Buch über eine grüne Hose kostet acht Euro.

1+1=2 In der Schule rechnen wir eine leichte Aufgabe.

Kreuze an.

Am Satzanfang steht immer ein Nomen (Namenwort).	☐ ja	☒ nein
Nomen (Namenwörter) und Satzanfänge schreibt man groß.	☒ ja	☐ nein

Merkwörter mit x

Schreibe die Merkwörter mit x.

Praxis	Hexe	Taxi	Max	Text
extra	Experte	Mexiko	mixen	Alexandra
boxen	Axel	Axt	Nixe	Lexikon

Praxis	Hexe	Taxi
Max	Text	extra
Experte	Mexiko	mixen
Alexandra	boxen	Axel
Axt	Nixe	Lexikon

Trage die Merkwörter mit x in die Lücken ein.

Hexe • Lexikon • Taxi • Mexiko • mixen • Text • Praxis • Axt

Die Hauptstadt von Mexiko ist Mexiko-Stadt.

Alexandra liest ihren Text stolz der ganzen Klasse vor.

Die kleine Hexe zaubert für ihre Freunde einen Kuchen herbei.

Max möchte etwas wissen. Er liest in einem Lexikon nach.

Alex und Axel mixen gekochtes Gemüse mit einem Mixer.

Der Kinderarzt untersucht Felix in seiner Praxis.

Sei vorsichtig mit der Axt! Sie ist sehr scharf.

Tante Maxi und ihr Hund Rex fahren mit dem Taxi zum Bahnhof.

Pf-/pf-

Schreibe die Wörter mit Pf-/pf-.

Pfau	Pfeil	pflegen	Pfeiler	pfeifen
Pfosten	Pflaume	pflügen	Pfote	pflanzen
Pfirsich	Pflaster	Pfeife	Pflicht	Pflanze

Pfau	Pfeil	pflegen
Pfeiler	pfeifen	Pfosten
Pflaume	pflügen	Pfote
pflanzen	Pfirsich	Pflaster
Pfeife	Pflicht	Pflanze

Trage die Wörter mit Pf-/pf- in die Lücken ein.

Pfeil • Pflicht • Pflaster • pflanzen • Pflaume • pflegen • Pfosten • Pfau

Der Stürmer trifft mit seinem Kopfball nur den Pfosten.

Die Indianer haben früher oft mit Pfeil und Bogen gejagt.

Wir Menschen haben die Pflicht, die Natur zu schützen.

Lea und Leo haben zwei Hasen. Sie pflegen die Tiere gut.

Mama klebt ein Pflaster über die kleine Wunde am Finger.

Ein männlicher Pfau hat lange, bunte Schwanzfedern.

Oma und Opa pflanzen einen Apfelbaum im Garten.

In jeder Pflaume und jeder Kirsche steckt ein harter Stein.

Schreibe die Wörter mit nk.

winken	dunkel	schenken	Bank	trinken
zanken	denken	Schminke	krank	Onkel
schlank	stinken	Schrank	Anker	danken

winken	dunkel	schenken
Bank	trinken	zanken
denken	Schminke	krank
Onkel	schlank	stinken
Schrank	Anker	danken

Trage die Wörter mit nk in die Lücken ein.

Bank • Punkt • Onkel • danken • denken • trinken • dunkel • krank

Nach einem Satz steht oft ein Punkt.

Für das schöne Geschenk möchte ich dir danken.

Der Bruder von Leos Mutter ist Leos Onkel.

Am Tag ist es hell. In der Nacht ist es dunkel.

Frank ist krank. Er hat Husten und Schnupfen.

Anke hat Durst. Sie möchte gerne etwas trinken.

Eine Frau und ihr Enkel sitzen im Park auf einer Bank.

Erst denken wir nach. Dann lösen wir die Aufgabe.

Schreibe die Wörter mit -z.

Harz	stolz	Kranz	schwarz	Filz
Herz	ganz	Holz	Schwanz	Pelz
Salz	Prinz	kurz	Kreuz	Pilz

Harz	stolz	Kranz
schwarz	Filz	Herz
ganz	Holz	Schwanz
Pelz	Salz	Prinz
kurz	Kreuz	Pilz

Trage die Wörter mit -z in die Lücken ein.

Pilz • Salz • Prinz • Holz • Kreuz • Herz • schwarz • ganz

Endlich hat der Prinz seine Prinzessin gefunden!

Ina war gestern Abend ganz allein zu Hause.

Oma und Opa essen jeden Sonntag ein Ei mit Salz.

Der Schreiner hat einen schönen Tisch aus Holz gebaut.

Das Herz pumpt unser Blut durch unseren Körper.

Auf dem Gipfel des Berges steht ein großes Kreuz.

Nicht jeden Pilz kann man essen. Einige sind sehr giftig!

Dennis hat blonde Haare. Kevins Haare sind schwarz.

Unterstreiche die Nomen (Namenwörter) und schreibe die Sätze richtig.

- Die pfirsiche und pflaumen sind aus dem garten. 3
- Die eltern von elke pflegen einen sehr alten pfau. 3
- In der tasche sind zwei pflaster und drei pfeifen. 3
- Die enkel danken ihrer oma für viele geschenke. 3
- Die schlanke anke wartet oft vor einer schranke. 2
- Ein junge malt einige graue punkte mit schminke. 3

In der Tasche sind zwei Pflaster und drei Pfeifen.

Die Pfirsiche und Pflaumen sind aus dem Garten.

Die Eltern von Elke pflegen einen sehr alten Pfau.

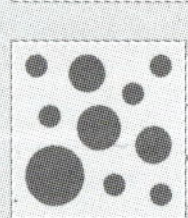
Ein Junge malt einige graue Punkte mit Schminke.

Die schlanke Anke wartet oft vor einer Schranke.

Die Enkel danken ihrer Oma für viele Geschenke.

Abschreiben

Lückentexte

Schreibe die Texte auf Seite 24 neben die passenden Bilder.

X	Türen haben Klinken. Die sind blank und blinken.	nk
X	Erst sinken die Anker. Dann tanken die Tanker.	nk
X	Ankes Geschenk stinkt leider nach faulen Eiern.	nk
X	Fünf kleine Finken trinken flink aus einem Teich.	nk
X	Frank schaut in den Schrank. Dort ist es dunkel.	nk
X	Bronko schenkt dem kranken Onkel eine Bank.	nk
X	Franz bastelt sich einen Pilz aus Filz und Holz.	-z
X	Salz ist nicht gut für das Herz von Prinz Heinz.	-z
X	Die Banane ist alt. Die Schale ist ganz schwarz.	-z

Trage die Wörter mit nk und -z in die Lücken ein.

Schrank • stinken • schenken • winken • stolz • Harz • kurz

Die Abgase der Fabrik stinken.

Oma und Opa winken zur Begrüßung mit der Hand.

Erni legt seine Pullis und Hosen immer in Gerts Schrank.

Die Pfleger schenken dem gesunden Reh die Freiheit.

Opa hat sich die Haare sehr kurz schneiden lassen.

Alle Kinder lernen fleißig. Die Lehrerin ist stolz auf die Klasse.

Das Harz an der Rinde des Nadelbaums ist sehr klebrig.

! Neben den Abschreibsätzen wird jeweils auf den rechtschreiblichen Schwerpunkt verwiesen.

Schreibe die Texte von Seite 23 neben die passenden Bilder.

Ankes Geschenk stinkt leider nach faulen Eiern.

Erst sinken die Anker. Dann tanken die Tanker.

Bronko schenkt dem kranken Onkel eine Bank.

Frank schaut in den Schrank. Dort ist es dunkel.

Türen haben Klinken. Die sind blank und blinken.

5 Finken
Fünf kleine Finken trinken flink aus einem Teich.

Die Banane ist alt. Die Schale ist ganz schwarz.

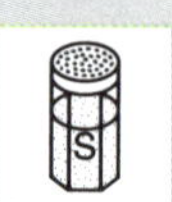

Salz ist nicht gut für das Herz von Prinz Heinz.

Franz bastelt sich einen Pilz aus Filz und Holz.

Ordne die Nomen (Namenwörter) mit d, g und b zu.

Wind	Hand	Freund	Bild	Feld	Hund
Kind	Kleid	Hemd	Tag	Weg	Zwerg
Zug	Berg	Zweig	Kalb	Korb	Urlaub

d

viele Winde der Wind	viele Hände die Hand	viele Freunde der Freund
viele Bilder das Bild	viele Felder das Feld	viele Hunde der Hund
viele Kinder das Kind	viele Kleider das Kleid	viele Hemden das Hemd

g

viele Tage der Tag	viele Wege der Weg	viele Zwerge der Zwerg
viele Züge der Zug	viele Berge der Berg	viele Zweige der Zweig

b

viele Kälber das Kalb	viele Körbe der Korb	viele Urlaube der Urlaub

Kreuze an.

Das d am Ende der Wörter hört sich an wie ein	☐ d.	☒ t.
Das g am Ende der Wörter hört sich an wie ein	☐ g.	☒ k.
Das b am Ende der Wörter hört sich an wie ein	☐ b.	☒ p.

d oder t

d oder t? Verlängere zuerst.

viele Rekorde	der Rekord	(d) oder t
viele Äste	der Ast	d oder (t)
viele Freunde	der Freund	(d) oder t
viele Hände	die Hand	(d) oder t
viele Nächte	die Nacht	d oder (t)
viele Stifte	der Stift	d oder (t)
viele Abende	der Abend	(d) oder t
viele Wände	die Wand	(d) oder t
viele Brote	das Brot	d oder (t)
viele Pferde	das Pferd	(d) oder t
viele Früchte	die Frucht	d oder (t)
viele Hunde	der Hund	(d) oder t
viele Monate	der Monat	d oder (t)
viele Winde	der Wind	(d) oder t
viele Quadrate	das Quadrat	d oder (t)
viele Felder	das Feld	(d) oder t
viele Schilder	das Schild	(d) oder t
viele Lichter	das Licht	d oder (t)
viele Kinder	das Kind	(d) oder t
viele Wälder	der Wald	(d) oder t
viele Münder	der Mund	(d) oder t
viele Länder	das Land	(d) oder t
viele Kleider	das Kleid	(d) oder t
viele Gelder	das Geld	(d) oder t
viele Bilder	das Bild	(d) oder t
viele Gesichter	das Gesicht	d oder (t)
viele Hemden	das Hemd	(d) oder t

! Das Verfahren zur Ableitung durch Umformen sollte mit den Kindern besprochen werden.

g oder k? Verlängere zuerst.

viele Züge / der Zug — (g) oder k	viele Getränke / das Getränk — g oder (k)	viele Tage / der Tag — (g) oder k
viele Berge / der Berg — (g) oder k	viele Wege / der Weg — (g) oder k	viele Schränke / der Schrank — g oder (k)
viele Erfolge / der Erfolg — (g) oder k	viele Freitage / der Freitag — (g) oder k	viele Krüge / der Krug — (g) oder k
viele Bänke / die Bank — g oder (k)	viele Kataloge / der Katalog — (g) oder k	viele Zweige / der Zweig — (g) oder k
viele Flüge / der Flug — (g) oder k	viele Zwerge / der Zwerg — (g) oder k	viele Geschenke / das Geschenk — g oder (k)
viele Schläge / der Schlag — (g) oder k	viele Fabriken / die Fabrik — g oder (k)	viele Samstage / der Samstag — (g) oder k
viele Fahrzeuge / das Fahrzeug — (g) oder k	viele Anzüge / der Anzug — (g) oder k	viele Burgen / die Burg — (g) oder k

b oder p? Verlängere zuerst.

viele Siebe / das Sieb — (b) oder p	viele Körbe / der Korb — (b) oder p	viele Stäbe / der Stab — (b) oder p
viele Diebe / der Dieb — (b) oder p	viele Urlaube / der Urlaub — (b) oder p	viele Kälber / das Kalb — (b) oder p

d oder t? Verlängere zuerst.

das Gesich t (d / **t**) – viele Gesichter	das Gel d (**d** / t) – viele Gelder	der Mona t (d / **t**) – viele Monate
das Bro t (d / **t**) – viele Brote	der Win d (**d** / t) – viele Winde	der Freun d (**d** / t) – viele Freunde
der Stif t (d / **t**) – viele Stifte	das Bil d (**d** / t) – viele Bilder	das Klei d (**d** / t) – viele Kleider
der Hun d (**d** / t) – viele Hunde	das Fel d (**d** / t) – viele Felder	das Hem d (**d** / t) – viele Hemden
das Hef t (d / **t**) – viele Hefte	das Kin d (**d** / t) – viele Kinder	der Aben d (**d** / t) – viele Abende
das Zel t (d / **t**) – viele Zelte	das Pfer d (**d** / t) – viele Pferde	das Schil d (**d** / t) – viele Schilder

g oder k? Verlängere zuerst.

der Zwer g (**g** / k) – viele Zwerge	das Geschen k (g / **k**) – viele Geschenke	der Zwei g (**g** / k) – viele Zweige
der Ta g (**g** / k) – viele Tage	der We g (**g** / k) – viele Wege	das Gelen k (g / **k**) – viele Gelenke
der Ber g (**g** / k) – viele Berge	der Erfol g (**g** / k) – viele Erfolge	die Bur g (**g** / k) – viele Burgen

Schreibe die Texte auf Seite 30 neben die passenden Bilder.

X	Papa kauft Hemden. Jedes Hemd ist ihm zu eng.	d oder t
X	Pferde mögen Gras und Heu. Ein Pferd hat Hufe.	d oder t
X	Die Kinder flüstern. Nur ein Kind schreit herum.	d oder t
X	Lena hat schwarze Hunde. Leons Hund ist braun.	d oder t
X	Oft sind die Winde kalt. Heute ist der Wind warm.	d oder t
X	Die Bilder im Museum sind rosa. Ein Bild ist blau.	d oder t
X	Von diesen Wegen ist nur ein Weg nicht falsch.	g oder k
X	Tage sind gleich lang. Ein Tag hat 24 Stunden.	g oder k
X	Zwerge sind klein. Ein Zwerg hat winzige Kleider.	g oder k

Markiere Trennstellen und schreibe die Wörter getrennt auf.

Bil|der	Fel|der	Klei|der	Freun|de
Pfer|de	Hun|de	Kin|der	Hem|den
We|ge	Ta|ge	Ber|ge	Ur|lau|be

Bil-der
Fel-der
Klei-der
Freun-de
Pfer-de
Hun-de
Kin-der
Hem-den
We-ge
Ta-ge
Ber-ge
Ur-lau-be

! Das Trennen nach Sprechsilben sollte mit den Kindern besprochen werden.

Schreibe die Texte von Seite 29 neben die passenden Bilder.

Pferde mögen Gras und Heu. Ein Pferd hat Hufe.

Lena hat schwarze Hunde. Leons Hund ist braun.

Papa kauft Hemden. Jedes Hemd ist ihm zu eng.

Wind

Oft sind die Winde kalt. Heute ist der Wind warm.

Die Bilder im Museum sind rosa. Ein Bild ist blau.

Die Kinder flüstern. Nur ein Kind schreit herum.

Zwerge sind klein. Ein Zwerg hat winzige Kleider.

24 Stunden

Tage sind gleich lang. Ein Tag hat 24 Stunden.

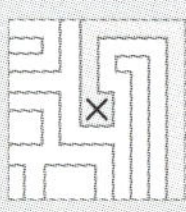
Von diesen Wegen ist nur ein Weg nicht falsch.

Unterstreiche die Nomen (Namenwörter) und schreibe die Sätze richtig.

X	Nur eines von elkes kleidern ist ein kurzes kleid.	3
X	Die felder von frank sind dunkler als ankes feld.	4
X	An abenden singt paula den halben abend lang.	3
X	Für seine freunde ist franz ein sehr guter freund.	3
X	Wir schauen auf berge und zeichnen jeden berg.	2
X	Nur einer der vielen zweige ist ein langer zweig.	2

Frank
Anke
Die Felder von Frank sind dunkler als
Ankes Feld.

An Abenden singt Paula den halben
Abend lang.

Nur eines von Elkes Kleidern ist ein
kurzes Kleid.

Für seine Freunde ist Franz ein sehr
guter Freund.

Nur einer der vielen Zweige ist ein langer
Zweig.

Wir schauen auf Berge und zeichnen
jeden Berg.

Ordne die Adjektive (Wiewörter) mit d, b und g zu.

blöd	mild	rund	fremd	blind	wild
gesund	blond	wund	grob	halb	trüb
taub	herb	gelb	karg	klug	arg

d

eine blöde Frage	ein milder Winter	ein runder Ballon
blöd	mild	rund
eine fremde Stadt	ein blinder Mann	eine wilde Oma
fremd	blind	wild
ein gesunder Apfel	ein blondes Mädchen	eine wunde Stelle
gesund	blond	wund

b

ein grober Fehler	eine halbe Pizza	eine trübe Pfütze
grob	halb	trüb
eine taube Frau	eine herbe Frucht	eine gelbe Banane
taub	herb	gelb

g

ein karges Frühstück	ein kluger Gedanke	ein arger Bösewicht
karg	klug	arg

Kreuze an.

Das d am Ende der Wörter hört sich an wie ein ☐ d. ☒ t.

Das b am Ende der Wörter hört sich an wie ein ☐ b. ☒ p.

Das g am Ende der Wörter hört sich an wie ein ☐ g. ☒ k.

d oder t? Verlängere zuerst.

ein gu t es Buch gu t	d oder t	eine run d e Brille run d	d oder t
ein gesun d es Frühstück gesun d	d oder t	eine leich t e Feder leich t	d oder t
ein bun t es Kleid bun t	d oder t	ein frem d es Land frem d	d oder t
eine har t e Schale har t	d oder t	ein wil d es Tier wil d	d oder t
ein blin d er Wurm blin d	d oder t	ein kal t er Tag kal t	d oder t

b oder p? Verlängere zuerst.

ein tau b er Herr tau b	b oder p	eine gel b e Birne gel b	b oder p
ein lie b er Gruß lie b	b oder p	eine hal b e Stunde hal b	b oder p

g oder k? Verlängere zuerst.

ein kran k es Tier kran k	g oder k	eine klu g e Antwort klu g	g oder k
eine schrä g e Wand schrä g	g oder k	ein star k er Wind star k	g oder k

! Das Verfahren zur Ableitung durch Umformen sollte mit den Kindern besprochen werden.

d oder t | b oder p | g oder k

d oder t? Verlängere zuerst.

al t — d (t) — ein alter Mensch	frem d — (d) t — eine fremde Sprache
kal t — d (t) — eine kalte Dusche	run d — (d) t — ein rundes Gesicht
leich t — d (t) — eine leichte Aufgabe	wei t — d (t) — ein weiter Weg
blin d — (d) t — ein blinder Mann	lau t — d (t) — ein lauter Knall
wil d — (d) t — ein wildes Pferd	gesun d — (d) t — ein gesundes Kind
blon d — (d) t — ein blonder Junge	bun t — d (t) — ein bunter Vogel

b oder p? Verlängere zuerst.

trü b — (b) p — eine trübe Pfütze	gel b — (b) p — eine gelbe Karte
hal b — (b) p — eine halbe Stunde	tau b — (b) p — ein taubes Ohr

g oder k? Verlängere zuerst.

star k — g (k) — ein starkes Mädchen	klu g — (g) k — ein kluger Gedanke

Schreibe die Texte auf Seite 36 neben die passenden Bilder.

X	Eine gelbe Banane ist reif. Diese Banane ist gelb.	b oder p
X	Lena trinkt ein halbes Glas Milch um halb zwölf.	b oder p
X	Jan ist ein wilder Junge. Janina ist genauso wild.	d oder t
X	Die Sau hat gesunde Ferkel. Auch sie ist gesund.	d oder t
X	In einem fremden Land ist uns die Sprache fremd.	d oder t
X	Der Tisch hat keine runde Form. Er ist nicht rund.	d oder t
X	Das blinde Schaf ist alt. Es ist schon lange blind.	d oder t
X	Nora hat blonde Zöpfe. Auch Neles Zopf ist blond.	d oder t
X	Antworten auf kluge Fragen sind nicht immer klug.	g oder k

Trage die verlängerten Adjektive (Wiewörter) in die Lücken ein.

gelbe • halbes • gesunde • fremde • blindes • runder • kluge

6 Monate sind ein halbes Jahr.

Der Schiedsrichter zeigt Ronny die gelbe Karte.

Ein blindes Tier kann nicht sehen.

Für viele Menschen ist Deutsch eine fremde Sprache.

Ein runder Tisch hat keine Ecken.

Eine gesunde Ernährung ist wichtig für die Gesundheit.

Die Kinder haben viele kluge Fragen gestellt.

Abschreiben

Schreibe die Texte von Seite *35* neben die passenden Bilder.

Lena trinkt ein halbes Glas Milch um halb zwölf.

Eine gelbe Banane ist reif. Diese Banane ist gelb.

Die Sau hat gesunde Ferkel. Auch sie ist gesund.

Jan ist ein wilder Junge. Janina ist genauso wild.

In einem fremden Land ist uns die Sprache fremd.

Das blinde Schaf ist alt. Es ist schon lange blind.

Nora hat blonde Zöpfe. Auch Neles Zopf ist blond.

Der Tisch hat keine runde Form. Er ist nicht rund.

War die Antwort klug?

Antworten auf kluge Fragen sind nicht immer klug.

Ordne die Verben (Tunwörter) mit g und b zu.

jagt	fegt	schweigt	legt	fragt	pflegt
sagt	zeigt	bewegt	tobt	reibt	klebt
übt	hebt	schreibt	lebt	lobt	bleibt

g

wir jagen	wir fegen	wir schweigen
sie jagt	er fegt	er schweigt
wir legen	wir fragen	wir pflegen
sie legt	er fragt	er pflegt
wir sagen	wir zeigen	wir bewegen
sie sagt	sie zeigt	er bewegt

b

wir toben	wir reiben	wir kleben
sie tobt	er reibt	er klebt
wir üben	wir heben	wir schreiben
sie übt	sie hebt	er schreibt
wir leben	wir loben	wir bleiben
sie lebt	sie lobt	er bleibt

Kreuze an.

In Verben (Tunwörtern) kann sich ein g wie ein k anhören. ☒ ja ☐ nein

In Verben (Tunwörtern) kann sich ein b wie ein p anhören. ☒ ja ☐ nein

g oder k? Verlängere zuerst.

wir flie g en sie flie g t (g) oder k	wir dan k en er dan k t g oder (k)	wir fra g en sie fra g t (g) oder k
wir bie g en sie bie g t (g) oder k	wir trin k en sie trin k t g oder (k)	wir bewe g en er bewe g t (g) oder k
wir sa g en er sa g t (g) oder k	wir win k en er win k t g oder (k)	wir zei g en sie zei g t (g) oder k
wir schen k en er schen k t g oder (k)	wir pfle g en sie pfle g t (g) oder k	wir mer k en er mer k t g oder (k)
wir lie g en sie lie g t (g) oder k	wir den k en er den k t g oder (k)	wir tra g en sie trä g t (g) oder k

b oder p? Verlängere zuerst.

wir kle b en er kle b t (b) oder p	wir hu p en sie hu p t b oder (p)	wir le b en er le b t (b) oder p
wir schrei b en sie schrei b t (b) oder p	wir ü b en er ü b t (b) oder p	wir rei b en er rei b t (b) oder p
wir to b en er to b t (b) oder p	wir he b en er he b t (b) oder p	wir glau b en sie glau b t (b) oder p
wir pum p en sie pum p t b oder (p)	wir blei b en sie blei b t (b) oder p	wir ge b en er gi b t (b) oder p

! Das Verfahren zur Ableitung durch Umformen sollte mit den Kindern besprochen werden.

g oder k? Verlängere zuerst.

sie ja g t (g) k — wir jagen	er schen k t g (k) — wir schenken	er schwei g t (g) k — wir schweigen
er fe g t (g) k — wir fegen	sie zei g t (g) k — wir zeigen	er dan k t g (k) — wir danken
sie sa g t (g) k — wir sagen	sie den k t g (k) — wir denken	er bewe g t (g) k — wir bewegen
er lü g t (g) k — wir lügen	sie fra g t (g) k — wir fragen	sie mer k t g (k) — wir merken
sie len k t g (k) — wir lenken	er trin k t g (k) — wir trinken	sie pfle g t (g) k — wir pflegen

b oder p? Verlängere zuerst.

er glau b t (b) p — wir glauben	er pum p t b (p) — wir pumpen	er schrei b t (b) p — wir schreiben
sie le b t (b) p — wir leben	er hu p t b (p) — wir hupen	er kle b t (b) p — wir kleben
er lo b t (b) p — wir loben	sie he b t (b) p — wir heben	sie blei b t (b) p — wir bleiben
sie ü b t (b) p — wir üben	sie to b t (b) p — wir toben	er rei b t (b) p — wir reiben

Wortfamilien

Ordne die Wörter zu Wortfamilien.

leben	legen	fragen	üben	Erlebnis	ausfragen
sie übt	fraglos	üblich	gefragt	ausüben	überlegen
leblos	Übung	du übst	du legst	einlegen	befragen
gelebt	lebhaft	belegen	erleben	erfragen	auslegen
Frage	sie lebt	sie fragt	ungeübt	anlegen	du fragst
geübt	gelegt	du lebst	einüben	beleben	auflegen

Wortstamm LEG

legen	überlegen	du legst
einlegen	belegen	auslegen
anlegen	gelegt	auflegen

Wortstamm FRAG

fragen	ausfragen	fraglos
gefragt	befragen	erfragen
Frage	sie fragt	du fragst

Wortstamm ÜB

üben	sie übt	üblich
ausüben	Übung	du übst
ungeübt	geübt	einüben

Wortstamm LEB

leben	Erlebnis	leblos
gelebt	lebhaft	erleben
sie lebt	du lebst	beleben

Schreibe die Texte auf Seite 42 neben die passenden Bilder.

X	Tim möchte Bücher schreiben. Er schreibt gerne.	b oder p
X	Wir bleiben nicht jung. Kein Mensch bleibt jung.	b oder p
X	Maja und Nino üben zeichnen. Jan übt rechnen.	b oder p
X	Wir leben in Deutschland. Lars lebt in Schweden.	b oder p
X	Zeiger bewegen sich. Jeder bewegt sich anders.	g oder k
X	Anja und Ali pflegen Hunde. Wim pflegt Würmer.	g oder k
X	Enten legen Eier. Ein Elefant legt sicher kein Ei.	g oder k
X	Die Kinder zeigen auf eine Ampel. Sie zeigt Rot.	g oder k
X	Die Eltern fragen Olga und Olga fragt ihre Oma.	g oder k

Markiere Trennstellen und schreibe die Wörter getrennt auf.

blei|ben	to|ben	le|ben	schrei|ben
wer|den	sa|gen	le|gen	schla|gen
pfle|gen	zei|gen	fra|gen	be|we|gen

blei-ben — to-ben
le-ben — schrei-ben
wer-den — sa-gen
le-gen — schla-gen
pfle-gen — zei-gen
fra-gen — be-we-gen

Schreibe die Texte von Seite 41 neben die passenden Bilder.

Maja und Nino üben zeichnen. Jan übt rechnen.

Tim möchte Bücher schreiben. Er schreibt gerne.

Wir leben in Deutschland. Lars lebt in Schweden.

Wir bleiben nicht jung. Kein Mensch bleibt jung.

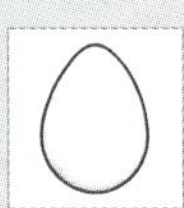

Enten legen Eier. Ein Elefant legt sicher kein Ei.

Anja und Ali pflegen Hunde. Wim pflegt Würmer.

Die Kinder zeigen auf eine Ampel. Sie zeigt Rot.

Die Eltern fragen Olga und Olga fragt ihre Oma.

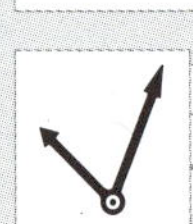

Zeiger bewegen sich. Jeder bewegt sich anders.

Unterstreiche die Nomen (Namenwörter) und schreibe die Sätze richtig.

X	Die kinder loben ihren papa und dann lobt er sie.	2
X	Viele glauben an geister und ina glaubt an ufos.	3
X	Der löwe möchte jagen und jagt ein altes zebra.	2
X	Wir steigen auf einen berg und nebel steigt auf.	2
X	Wir sagen ein gedicht auf und mama sagt nichts.	2
X	Die eltern fegen den hof und elke fegt die küche.	4

Viele glauben an Geister und Ina glaubt
an Ufos.

loben
lobt

Die Kinder loben ihren Papa und dann lobt
er sie.

Wir steigen auf einen Berg und Nebel
steigt auf.

Die Eltern fegen den Hof und Elke fegt
die Küche.

Der Löwe möchte jagen und jagt ein
altes Zebra.

Gedicht
Liebe Mama,
heute wirst
du 100 Jahre

Wir sagen ein Gedicht auf und Mama
sagt nichts.

Merkwörter mit Y/y

Schreibe die Merkwörter mit Y/y.

Handy	Pony	Typ	Zylinder	Dynamo
Olympiade	Gyros	Yoga	Ypsilon	Xylofon
Bayern	Yeti	Zypern	Baby	Party

Handy	Pony	Typ
Zylinder	Dynamo	Olympiade
Gyros	Yoga	Ypsilon
Xylofon	Bayern	Yeti
Zypern	Baby	Party

Trage die Merkwörter mit y in die Lücken ein.

Baby • Handy • Pony • Gyros • Bayern • Party • Zylinder • Xylofon

Paula hat ein kleines Pony. Es grast gerade auf der Weide.

Bert macht Urlaub in Bayern. Er wandert in den Bergen.

Anton möchte keine Nudeln. Heute hat er Hunger auf Gyros.

Lilly hat eine sehr kleine Schwester. Sie ist noch ein Baby.

Der Zauberer zaubert ein faules Ei aus seinem Zylinder.

Ina hat ein neues Handy. Damit kann man sogar telefonieren.

Bronko hat Geburtstag. Er feiert eine große Party mit Freunden.

Ein Xylofon ist ein Musikinstrument. Ronny spielt ein Lied.

Merkwörter mit V/v

Schreibe die Merkwörter mit V/v.

Vater	Volk	viel	vor	Vogel
vom	von	brav	November	Vokal
Venus	Vulkan	nervös	Verb	Vase

Vater	Volk	viel
vor	Vogel	vom
von	brav	November
Vokal	Venus	Vulkan
nervös	Verb	Vase

Trage die Merkwörter mit V/v in die Lücken ein.

Vater • Vogel • brav • November • Vase

Auf den Monat November folgt der Monat Dezember.

Ben mag Blumen. Auf seinem Tisch steht eine Vase mit Rosen.

Der Vater meiner Mutter ist mein Opa. Mein Opa ist lieb.

Die Taube ist ein Vogel. In Städten leben oft sehr viele Tauben.

Erna ist heute nicht brav. Sie grunzt in der Schule wie ein Ferkel.

Kreuze an.

In dem Wort Vogel hört sich das V an wie ein ☒ F. ☐ W.

In dem Wort Vase hört sich das V an wie ein ☐ F. ☒ W.

Unterstreiche die Nomen (Namenwörter) und schreibe die Sätze richtig.

In einer alten vase von vera sind viele veilchen. 3

Vor uns sind kurven und über uns ist die venus. 2

Der vogel von eva und gustav ist gar nicht brav. 3

Der vater von eva bastelt einen vulkan mit lava. 4

Im november ist verena manchmal sehr nervös. 2

Wir reden in der schule über verben und vokale. 3

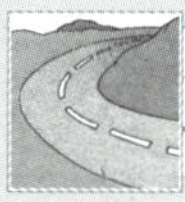

Vor uns sind Kurven und über uns ist die Venus.

Ist er

brav?

Der Vogel von Eva und Gustav ist gar nicht brav.

Veras Vase

In einer alten Vase von Vera sind viele Veilchen.

November

Im November ist Verena manchmal sehr nervös.

Verb (Tunwort)
Vokal (Selbstlaut)

Wir reden in der Schule über Verben und Vokale.

Der Vater von Eva bastelt einen Vulkan mit Lava.

Schreibe die Verben (Tunwörter) mit dem Wortbaustein vor-.

vor-	-sprechen	-lesen	-sagen	-turnen	-laufen
	-schlagen	-machen	-arbeiten	-schreiben	-finden
	-bereiten	-tanzen	-waschen	-sorgen	-werfen

vorsprechen	vorlesen	vorsagen
vorturnen	vorlaufen	vorschlagen
vormachen	vorarbeiten	vorschreiben
vorfinden	vorbereiten	vortanzen
vorwaschen	vorsorgen	vorwerfen

Trage die Verben (Tunwörter) mit dem Wortbaustein vor- in die Lücken ein.

vorturnen • vorbereiten • vorsingen • vorfinden • vorlesen • vorsorgen • vorlaufen • vortanzen

Auf eine Mathearbeit sollte man sich gut vorbereiten.

Inga möchte der Klasse ihre neue Geschichte vorlesen.

Igor möchte in der Turnhalle einen Purzelbaum vorturnen.

Ingo möchte im Musikunterricht ein Lied vorsingen.

Ingolf möchte beim Ballett einen neuen Tanz vortanzen.

Die Kinder sollen bei dem Ausflug nicht zu weit vorlaufen.

Hamster müssen mit Körnern für den Winter vorsorgen.

Was werden wir wohl in der alten Schatzkiste vorfinden?

ver-

Schreibe die Verben (Tunwörter) mit dem Wortbaustein ver-.

	-zaubern	-tragen	-schreiben	-lernen	-laufen
ver-	-schlafen	-kaufen	-halten	-schenken	-suchen
	-danken	-heiraten	-faulen	-teilen	-sprechen

verzaubern	vertragen	verschreiben
verlernen	verlaufen	verschlafen
verkaufen	verhalten	verschenken
versuchen	verdanken	verheiraten
verfaulen	verteilen	versprechen

Trage die Verben (Tunwörter) mit dem Wortbaustein ver- in die Lücken ein.

vertragen • verlernen • verlaufen • verschlafen • verkaufen • verfaulen • verschreiben • versuchen

Nach ihrem Streit vertragen sich Tim und Wim wieder.

Maja hat verschlafen. Sie liegt um *11.00* Uhr noch im Bett.

Hänsel und Gretel haben sich im Wald verlaufen.

Hein und Heini verkaufen Butter und Eier auf dem Markt.

Gelerntes kann man leider auch wieder verlernen.

Ärzte müssen manchmal Medikamente verschreiben.

Sven und Ben versuchen einen Handstand in der Turnhalle.

Die alten Äpfel verfaulen unter dem Apfelbaum.

Schreibe die Texte auf Seite 50 neben die passenden Bilder.

X	Eine verzauberte Hexe verlernt oft ihr Handwerk.	ver-
X	Die verheiratete Rosi verteilt Rosen an die Enkel.	ver-
X	Geister verlaufen sich nie. Sie verschweben sich.	ver-
X	Heute verschenkt und verlost Omi viele Veilchen.	ver-
X	Veras kleine Kinder versuchen gerade zu laufen.	ver-
X	Wir verbrauchen zu viel Strom. Strom ist kostbar.	ver-
X	Evi hat sich erst verlaufen und dann verschlafen.	ver-
X	Der Bauer hat noch nie ein verfaultes Ei verkauft.	ver-
X	Die Polizei versucht den Einbrecher zu verfolgen.	ver-

Markiere Trennstellen und schreibe die Wörter getrennt auf.

ver|fau|len	ver|lau|fen	ver|tei|len	ver|su|chen
ver|kau|fen	ver|schrei|ben	ver|brau|chen	ver|tra|gen
ver|hal|ten	ver|schla|fen	ver|zau|bern	ver|hei|ra|ten

ver-fau-len

ver-lau-fen

ver-tei-len

ver-su-chen

ver-kau-fen

ver-schrei-ben

ver-brau-chen

ver-tra-gen

ver-hal-ten

ver-schla-fen

ver-zau-bern

ver-hei-ra-ten

Schreibe die Texte von Seite 49 neben die passenden Bilder.

Veras Kinder laufen

Veras kleine Kinder versuchen gerade zu laufen.

Geister verlaufen sich nie. Sie verschweben sich.

Eine verzauberte Hexe verlernt oft ihr Handwerk.

Die verheiratete Rosi verteilt Rosen an die Enkel.

Die Polizei versucht den Einbrecher zu verfolgen.

Heute verschenkt und verlost Omi viele Veilchen.

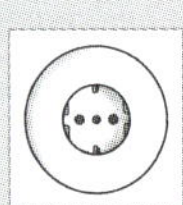

Wir verbrauchen zu viel Strom. Strom ist kostbar.

Evi hat sich erst verlaufen und dann verschlafen.

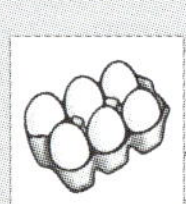

Der Bauer hat noch nie ein verfaultes Ei verkauft.

ab-, mit-, um-, aus-, auf-, be-

Schreibe die Verben (Tunwörter) mit den Wortbausteinen ab-, mit-, um-, aus-, auf- und be-.

ab-	-holen	-legen	-laden	-hören	-sagen	-lesen

abholen	ablegen	abladen
abhören	absagen	ablesen

mit-	-geben	-halten	-helfen	-reisen	-reden	-laufen

mitgeben	mithalten	mithelfen
mitreisen	mitreden	mitlaufen

um-	-bauen	-hören	-binden	-graben	-laden	-leiten

umbauen	umhören	umbinden
umgraben	umladen	umleiten

aus-	-legen	-geben	-laufen	-reden	-üben	-halten

auslegen	ausgeben	auslaufen
ausreden	ausüben	aushalten

auf-	-laden	-zeigen	-hören	-malen	-rufen	-sagen

aufladen	aufzeigen	aufhören
aufmalen	aufrufen	aufsagen

be-	-danken	-halten	-folgen	-reden	-reisen	-suchen

bedanken	behalten	befolgen
bereden	bereisen	besuchen

zu-, ein-, an-, er-, ent-, zer-

Schreibe die Verben (Tunwörter) mit den Wortbausteinen zu-, ein-, an-, er-, ent- und zer-.

zu-	-schauen	-binden	-halten	-hören	-rufen	-geben

zuschauen	zubinden	zuhalten
zuhören	zurufen	zugeben

ein-	-reden	-teilen	-legen	-laden	-üben	-leben

einreden	einteilen	einlegen
einladen	einüben	einleben

an-	-geben	-halten	-rufen	-zeigen	-sagen	-hören

angeben	anhalten	anrufen
anzeigen	ansagen	anhören

er-	-finden	-halten	-leben	-lernen	-holen	-geben

erfinden	erhalten	erleben
erlernen	erholen	ergeben

ent-	-binden	-halten	-werfen	-falten	-zünden	-laden

entbinden	enthalten	entwerfen
entfalten	entzünden	entladen

zer-	-legen	-kauen	-teilen	-stören	-streiten	-treten

zerlegen	zerkauen	zerteilen
zerstören	zerstreiten	zertreten

Satzzeichen

Trage Fragezeichen und Punkte ein. Schreibe Fragen und Antworten.

X	Wo leben wilde Löwen ?
X	Die Kinder trinken Milch .
X	Ein Zwerg ist sehr klein .
X	Was trinken die Kinder ?
X	Der Brei ist nur lauwarm .
X	Das Hemd ist viel zu eng .
X	In Afrika leben wilde Löwen .
X	Wie klein ist ein Zwerg ?
X	Wie warm ist der Brei ?
X	Wie weit ist das Hemd ?

Frage: Wo leben wilde Löwen?

Antwort: In Afrika leben wilde Löwen.

Frage: Was trinken die Kinder?

Antwort: Die Kinder trinken Milch.

Frage: Wie klein ist ein Zwerg?

Antwort: Ein Zwerg ist sehr klein.

Frage: Wie warm ist der Brei?

Antwort: Der Brei ist nur lauwarm.

Frage: Wie weit ist das Hemd?

Antwort: Das Hemd ist viel zu eng.

Trage Fragezeichen und Punkte ein. Schreibe Fragen und Antworten.

X	Wer baut schöne Tische ?
X	Oma und Opa werden 90 .
X	Es ist einen Meter lang .
X	Wen hat Oma geheiratet ?
X	Ein Tischler baut Tische .
X	Welche Steine sind teuer ?
X	Edelsteine sind oft teuer .
X	Wie lang ist dieses Seil ?
X	Oma hat Opa geheiratet .
X	Wie alt sind Oma und Opa ?

Frage: Wer baut schöne Tische?
Antwort: Ein Tischler baut Tische.

Frage: Wen hat Oma geheiratet?
Antwort: Oma hat Opa geheiratet.

Frage: Welche Steine sind teuer?
Antwort: Edelsteine sind oft teuer.

Frage: Wie lang ist dieses Seil?
Antwort: Es ist einen Meter lang.

Frage: Wie alt sind Oma und Opa?
Antwort: Oma und Opa werden 90.

Kreuze an.

Das Satzzeichen ! am Ende eines Satzes nennt man

☐ Punkt. ☐ Fragezeichen. ☒ Ausrufezeichen.

Ein ! steht nach Ausrufen. Kreuze den Ausruf an.

☒ Aua! ☐ Wer möchte vorlesen? ☐ Rot ist eine Farbe.

Ein ! steht nach Aufforderungen. Kreuze die Aufforderung an.

☐ Erni singt oft. ☒ Achtet auf die Ampel! ☐ Wie spät ist es?

Ausrufezeichen stehen nach

☐ Fragen. ☒ Ausrufen und Aufforderungen. ☐ Punkten.

Trage Punkte, Fragezeichen und Ausrufezeichen ein.

Die Lehrerin schreibt einen langen Satz an die Tafel .

Wie hoch ist der höchste Berg der Welt ?

Stellt euch immer zu zweit auf !

Warum wohnen Menschen in der Wüste nicht in Iglus ?

Was fressen Frösche am Freitag zum Frühstück ?

Halt den Mund !

Wo leben die größten Lebewesen der Welt ?

Setzt euch sofort auf euren Platz !

Onkel Otto malt gerne Fensterbilder mit Fingerfarben .

Hurra !

Cindy und Gert singen gemeinsam ein schönes Lied .

! Das Ausrufezeichen sollte mit den Kindern besprochen werden.

O/o wird Ö/ö | u wird ü

Ordne die Mehrzahl mit Ö/ö oder ü zu.

Töne	Böden	Frösche	Köpfe	Körbe	Töchter
Öfen	Vögel	Löcher	Düfte	Bücher	Früchte
Hüte	Büsche	Gründe	Krüge	Brüder	Münder

O/o wird Ö/ö

der Ton viele Töne	der Boden viele Böden	der Frosch viele Frösche
der Kopf viele Köpfe	der Korb viele Körbe	die Tochter viele Töchter
der Ofen viele Öfen	der Vogel viele Vögel	das Loch viele Löcher

u wird ü

der Duft viele Düfte	das Buch viele Bücher	die Frucht viele Früchte
der Hut viele Hüte	der Busch viele Büsche	der Grund viele Gründe
der Krug viele Krüge	der Bruder viele Brüder	der Mund viele Münder

Kreuze an.

Aus einem O/o in der Einzahl kann ein Ö/ö in der Mehrzahl werden.	☒ ja	☐ nein
Aus einem u in der Einzahl kann ein ü in der Mehrzahl werden.	☒ ja	☐ nein

O/o wird Ö/ö   u wird ü

Schreibe die Mehrzahl mit Ö/ö oder ü.

der Topf viele Töpfe	der Krug viele Krüge	der Strumpf viele Strümpfe
der Hut viele Hüte	der Korb viele Körbe	der Sturm viele Stürme
der Wolf viele Wölfe	der Knopf viele Knöpfe	die Frucht viele Früchte
der Duft viele Düfte	der Turm viele Türme	der Frosch viele Frösche
der Kopf viele Köpfe	der Bruch viele Brüche	der Busch viele Büsche
der Zopf viele Zöpfe	der Sturz viele Stürze	der Grund viele Gründe
der Koch viele Köche	das Buch viele Bücher	das Loch viele Löcher
das Dorf viele Dörfer	das Horn viele Hörner	der Mund viele Münder
das Tuch viele Tücher	der Boden viele Böden	die Tochter viele Töchter
der Ofen viele Öfen	der Bogen viele Bögen	der Bruder viele Brüder

A/a wird Ä/ä

Ordne die Mehrzahl mit Ä/ä zu.

Bäche	Hände	Wälder	Hälse	Gänge	Wände
Säfte	Hänge	Fächer	Väter	Pläne	Nächte
Räder	Gräser	Brände	Bärte	Gläser	Kälber
Stäbe	Gäste	Gärten	Äste	Äpfel	Länder

der Bach viele Bäche	die Hand viele Hände	der Wald viele Wälder
der Hals viele Hälse	der Gang viele Gänge	die Wand viele Wände
der Saft viele Säfte	der Hang viele Hänge	das Fach viele Fächer
der Vater viele Väter	der Plan viele Pläne	die Nacht viele Nächte
das Rad viele Räder	das Gras viele Gräser	der Brand viele Brände
der Bart viele Bärte	das Glas viele Gläser	das Kalb viele Kälber
der Stab viele Stäbe	der Gast viele Gäste	der Garten viele Gärten
der Ast viele Äste	der Apfel viele Äpfel	das Land viele Länder

Kreuze an.

Aus einem A/a in der Einzahl kann ein Ä/ä in der Mehrzahl werden. ☒ ja ☐ nein

Ordne die Mehrzahl mit äu zu.

Läuse	Kräuter	Träume	Gäule	Bäuche	Schäume
Zäune	Mäuse	Schläuche	Säue	Fäuste	Sträucher
Häute	Räume	Häupter	Bräute	Häuser	Bräuche
Käuze	Bäume	Mäuler	Säume	Läufe	Einkäufe

die Laus viele Läuse	das Kraut viele Kräuter	der Traum viele Träume
der Gaul viele Gäule	der Bauch viele Bäuche	der Schaum viele Schäume
der Zaun viele Zäune	die Maus viele Mäuse	der Schlauch viele Schläuche
die Sau viele Säue	die Faust viele Fäuste	der Strauch viele Sträucher
die Haut viele Häute	der Raum viele Räume	das Haupt viele Häupter
die Braut viele Bräute	das Haus viele Häuser	der Brauch viele Bräuche
der Kauz viele Käuze	der Baum viele Bäume	das Maul viele Mäuler
der Saum viele Säume	der Lauf viele Läufe	der Einkauf viele Einkäufe

Kreuze an.

Aus einem au in der Einzahl kann ein äu in der Mehrzahl werden. ☒ ja ☐ nein

Schreibe die Einzahl mit A/a.

viele Gänge der Gang	viele Fächer das Fach	viele Kästen der Kasten
viele Bärte der Bart	viele Väter der Vater	viele Schränke der Schrank
viele Kräne der Kran	viele Wälder der Wald	viele Strände der Strand
viele Täler das Tal	viele Gläser das Glas	viele Nächte die Nacht
viele Räder das Rad	viele Länder das Land	viele Mäntel der Mantel
viele Stäbe der Stab	viele Wände die Wand	viele Schwäne der Schwan
viele Säfte der Saft	viele Gäste der Gast	viele Brände der Brand
viele Dächer das Dach	viele Bänder das Band	viele Läden der Laden
viele Gräser das Gras	viele Gänse die Gans	viele Gärten der Garten
viele Äste der Ast	viele Ränder der Rand	viele Nägel der Nagel

! Das Verfahren zur Ableitung durch Umformen sollte mit den Kindern besprochen werden.

Schreibe die Einzahl mit A/a.

viele Bäche der Bach	viele Hände die Hand	viele Schnäbel der Schnabel
viele Hälse der Hals	viele Bänke die Bank	viele Schäden der Schaden
viele Pläne der Plan	viele Hänge der Hang	viele Dämpfe der Dampf
viele Kälber das Kalb	viele Kränze der Kranz	viele Märkte der Markt
viele Äxte die Axt	viele Ämter das Amt	viele Äpfel der Apfel

Schreibe die Einzahl mit au.

viele Fäuste die Faust	viele Bäuche der Bauch	viele Räume der Raum
viele Bräute die Braut	viele Zäune der Zaun	viele Sträucher der Strauch
viele Häute die Haut	viele Mäuse die Maus	viele Bäume der Baum
viele Säue die Sau	viele Häuser das Haus	viele Schläuche der Schlauch
viele Läuse die Laus	viele Kräuter das Kraut	viele Träume der Traum

Unterstreiche die Nomen (Namenwörter) und schreibe die Sätze richtig.

Von einem alten ast brechen öfter kleine äste ab. 2

Jedes land ist eines unter vielen ländern der welt. 3

Das einrad hat ein rad und das dreirad drei räder. 4

Ein runder bauch ist schwerer als andere bäuche. 2

Dieser schöne zaun ist wie viele zäune aus holz. 3

Eine laus und viele andere läuse sind kopfläuse. 3

Jedes Land ist eines unter vielen Ländern der Welt.

Das Einrad hat ein Rad und das Dreirad drei Räder.

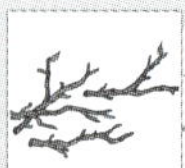

Von einem alten Ast brechen öfter kleine Äste ab.

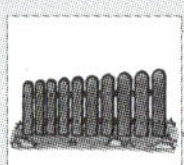

Dieser schöne Zaun ist wie viele Zäune aus Holz.

Eine Laus und viele andere Läuse sind Kopfläuse.

Ein runder Bauch ist schwerer als andere Bäuche.

Schreibe die Texte auf Seite 64 neben die passenden Bilder.

X	Mona trinkt einen Becher Saft. Sie trinkt oft Säfte.	Ä/ä
X	Das Pferd kaut einen Apfel. Pferde mögen Äpfel.	Ä/ä
X	Die Nacht ist wolkig. Wolkige Nächte sind dunkel.	Ä/ä
X	Opas Garten ist schöner als viele andere Gärten.	Ä/ä
X	Hand reimt sich auf Wand und Hände auf Wände.	Ä/ä
X	Das Haus ist rosa. Nur wenige Häuser sind rosa.	äu
X	Die Maus ist ein Nager. Mäuse sind keine Fische.	äu
X	Das ist ein Kraut. Viele kochen gern mit Kräutern.	äu
X	Baum reimt sich auf Raum und Bäume auf Räume.	äu

Markiere Trennstellen und schreibe die Wörter getrennt auf.

Nächte	Gärten	Säfte	Hände
Gräser	Äste	Kräuter	Mäuse
Häuser	Bäuche	Sträucher	Bäume

Näch-te	Gär-ten
Säf-te	Hän-de
Grä-ser	Äs-te
Kräu-ter	Mäu-se
Häu-ser	Bäu-che
Sträu-cher	Bäu-me

Schreibe die Texte von Seite 63 neben die passenden Bilder.

Hand reimt sich auf Wand und Hände auf Wände.

Das Pferd kaut einen Apfel. Pferde mögen Äpfel.

Mona trinkt einen Becher Saft. Sie trinkt oft Säfte.

Die Nacht ist wolkig. Wolkige Nächte sind dunkel.

Opas Garten ist schöner als viele andere Gärten.

Das ist ein Kraut. Viele kochen gern mit Kräutern.

Das Haus ist rosa. Nur wenige Häuser sind rosa.

Baum reimt sich auf Raum und Bäume auf Räume.

Die Maus ist ein Nager. Mäuse sind keine Fische.

A/a wird Ä/ä

Ordne die verwandten Wörter mit ä zu.

ärmer	kälter	schwächer	älter	härter	schärfer
länger	stärker	wärmer	hält	trägt	schläft
brät	gräbt	schlägt	rät	fängt	wäscht

Adjektive (Wiewörter)

arm	kalt	schwach
noch ärmer	noch kälter	noch schwächer
alt	hart	scharf
noch älter	noch härter	noch schärfer
lang	stark	warm
noch länger	noch stärker	noch wärmer

Verben (Tunwörter)

wir halten	wir tragen	wir schlafen
er hält	sie trägt	er schläft
wir braten	wir graben	wir schlagen
sie brät	er gräbt	sie schlägt
wir raten	wir fangen	wir waschen
er rät	sie fängt	er wäscht

Kreuze an.

Bei Adjektiven (Wiewörtern) kann aus einem a ein ä werden. ☒ ja ☐ nein

Bei Verben (Tunwörtern) kann aus einem a ein ä werden. ☒ ja ☐ nein

Schreibe die verwandten Wörter mit a.

noch länger lang	noch kälter kalt	noch schärfer scharf
noch älter alt	noch stärker stark	noch schwächer schwach
noch ärmer arm	noch härter hart	noch wärmer warm

Schreibe die verwandten Wörter mit a.

sie brät wir braten	er fängt wir fangen	sie schlägt wir schlagen
sie hält wir halten	er gräbt wir graben	sie schläft wir schlafen
sie rät wir raten	er trägt wir tragen	sie wäscht wir waschen

Trage die Wörter mit ä in die Lücken ein.

trägt • fängt • schlägt • länger • härter

Oma schlägt den Nagel mit einem Schlag in die Wand.

Bert trägt den Beutel mit Abfall zum Abfalleimer.

Tina und Toni spielen Fangen. Tina fängt jeden Ball.

Ein Stein ist viel härter als ein Wattebausch.

Die Sommerferien sind länger als die Ferien im Winter.

! Das Verfahren zur Ableitung durch Umformen sollte mit den Kindern besprochen werden.

Schreibe die Texte auf Seite 68 neben die passenden Bilder.

X	Fischer fangen Fische. Kein Fischer fängt Hunde.	ä
X	Autos halten vor der Ampel. Auch ein Bus hält an.	ä
X	Wir schlafen in der Nacht. Pia schläft fest und gut.	ä
X	Uli möchte sich waschen. Er wäscht sich mit Seife.	ä
X	Oma und Opa tragen Tüten und Papa trägt nichts.	ä
X	Wir schlagen nicht! Keiner schlägt einen anderen!	ä
X	Die grüne Gurke ist alt und die Tomate noch älter.	ä
X	Hier ist es im Winter kalt. Am Nordpol ist es kälter.	ä
X	Ein Ei ist hart gekocht und das andere noch härter.	ä

Trage die Wörter mit ä in die Lücken ein.

~~hält~~ • ~~schläft~~ • ~~wäscht~~ • ~~älter~~ • ~~stärker~~ • ~~kälter~~ • ~~wärmer~~

Tim spielt Tennis. Er hält den Schläger mit beiden Händen fest.

Willi wäscht sich vor dem Essen die Hände.

Lisa schläft. Sie träumt von einem Pony auf der Weide.

Kochendes Wasser ist wärmer als gefrorenes Wasser.

Am Südpol ist es kälter als in der Sahara.

Opa ist ein Jahr und drei Monate älter als Oma.

Der Regen nimmt zu. Er wird immer stärker.

Schreibe die Texte von Seite 67 neben die passenden Bilder.

Autos halten vor der Ampel. Auch ein Bus hält an.

Wir schlafen in der Nacht. Pia schläft fest und gut.

Fischer fangen Fische. Kein Fischer fängt Hunde.

Oma und Opa tragen Tüten und Papa trägt nichts.

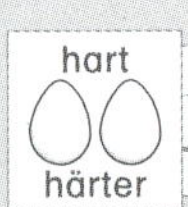

Ein Ei ist hart gekocht und das andere noch härter.

Uli möchte sich waschen. Er wäscht sich mit Seife.

Hier ist es im Winter kalt. Am Nordpol ist es kälter.

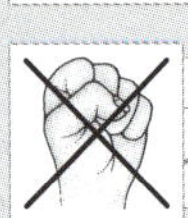
Wir schlagen nicht! Keiner schlägt einen anderen!

Die grüne Gurke ist alt und die Tomate noch älter.

Schreibe die verwandten Wörter mit Ä/ä oder äu.

schwach	ä	die Schw ä che	die Schwäche
lang	ä	die L ä nge	die Länge
stark	ä	die St ä rke	die Stärke
kalt	ä	die K ä lte	die Kälte
warm	ä	die W ä rme	die Wärme
hart	ä	die H ä rte	die Härte
scharf	ä	die Sch ä rfe	die Schärfe
der Arzt	Ä	die Ä rztin	die Ärztin
die Stange	ä	der St ä ngel	der Stängel
lachen	ä	er l ä chelt	er lächelt
der Kampf	ä	k ä mpfen	kämpfen
die Schale	ä	sch ä len	schälen
der Hang	ä	h ä ngen	hängen
der Traum	äu	tr äu men	träumen
der Rauch	äu	r äu chern	räuchern
der Raum	äu	r äu men	räumen
der Schaum	äu	sch äu men	schäumen

A/a wird Ä/ä

-chen

Ordne die Nomen (Namenwörter) mit Ä/ä und dem Wortbaustein -chen zu.

das Gläs-	das Schränk-	das Wäld-	das Väter-	-chen
das Händ-	das Räd-	das Bärt-	das Gäns-	
das Näs-	das Lämp-	das Häs-	das Pflänz-	
das Gärt-	das Äst-	das Ärm-	das Äpfel-	

das Glas das Gläschen	der Schrank das Schränkchen
der Wald das Wäldchen	der Vater das Väterchen
die Hand das Händchen	das Rad das Rädchen
der Bart das Bärtchen	die Gans das Gänschen
die Nase das Näschen	die Lampe das Lämpchen
der Hase das Häschen	die Pflanze das Pflänzchen
der Garten das Gärtchen	der Ast das Ästchen
der Arm das Ärmchen	der Apfel das Äpfelchen

Kreuze an.

Bei Verkleinerungen mit -chen wird A/a oft zu ☒ Ä/ä. ☐ äu.

Ordne die Nomen (Namenwörter) mit äu und dem Wortbaustein -chen zu.

das Zäun-	das Häus-	das Bäum-	das Mäul-	-chen
das Häut-	das Fäust-	das Räum-	das Mäus-	
das Mäuer-	das Schäufel-	das Häub-	das Täub-	
das Päus-	das Schräub-	das Häuf-	das Däum-	

der Zaun
das Zäunchen

das Haus
das Häuschen

der Baum
das Bäumchen

das Maul
das Mäulchen

die Haut
das Häutchen

die Faust
das Fäustchen

der Raum
das Räumchen

die Maus
das Mäuschen

die Mauer
das Mäuerchen

die Schaufel
das Schäufelchen

die Haube
das Häubchen

die Taube
das Täubchen

die Pause
das Päuschen

die Schraube
das Schräubchen

der Haufen
das Häufchen

der Daumen
das Däumchen

Kreuze an.

Bei Verkleinerungen mit -chen wird au oft zu ☐ ä. ☒ äu.

Ordne die Nomen (Namenwörter) mit ä oder äu und dem Wortbaustein -lein zu.

das Gäb-	das Schäf-	das Bäch-	das Fläsch-	
das Kälb-	das Knäb-	das Gäns-	das Gärt-	-lein
das Häus-	das Bäuch-	das Kräut-	das Sträuch-	

a wird ä

die Gabel
das Gäblein

das Schaf
das Schäflein

der Bach
das Bächlein

die Flasche
das Fläschlein

das Kalb
das Kälblein

der Knabe
das Knäblein

die Gans
das Gänslein

der Garten
das Gärtlein

au wird äu

das Haus
das Häuslein

der Bauch
das Bäuchlein

das Kraut
das Kräutlein

der Strauch
das Sträuchlein

Kreuze an.

Bei Verkleinerungen mit -lein kann a zu ä werden. ☒ ja ☐ nein

Bei Verkleinerungen mit -lein kann au zu äu werden. ☒ ja ☐ nein

Schreibe die Texte auf Seite 74 neben die passenden Bilder.

X	An einem schweren Ast sind viele kleine Ästchen.	Ä/ä
X	Der Sportler hat starke Arme und keine Ärmchen.	Ä/ä
X	In einem Park sind viele Pflanzen und Pflänzchen.	Ä/ä
X	Ali schneidet einen Apfel und Alina ein Äpfelchen.	Ä/ä
X	Menschen haben Nasen und Zwerge ein Näschen.	Ä/ä
X	Papa Hase arbeitet. Die jungen Häschen schlafen.	Ä/ä
X	Die Tasche hat noch ganz viele kleine Täschchen.	Ä/ä
X	Zu dem Schrank gehören noch zwei Schränkchen.	Ä/ä
X	Unser winziger Garten ist eigentlich ein Gärtchen.	Ä/ä

Markiere Trennstellen und schreibe die Wörter getrennt auf.

Räd|chen	Lämp|chen	Wäld|chen	Händ|chen
Gärt|chen	Pflänz|chen	Äst|chen	Ärm|chen
Häut|chen	Räum|chen	Zäun|chen	Bäum|chen

Räd-chen

Lämp-chen

Wäld-chen

Händ-chen

Gärt-chen

Pflänz-chen

Äst-chen

Ärm-chen

Häut-chen

Räum-chen

Zäun-chen

Bäum-chen

Schreibe die Texte von Seite 73 neben die passenden Bilder.

Ali schneidet einen Apfel und Alina ein Äpfelchen.

Papa Hase arbeitet. Die jungen Häschen schlafen.

An einem schweren Ast sind viele kleine Ästchen.

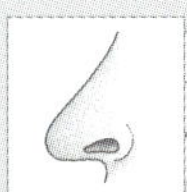
Menschen haben Nasen und Zwerge ein Näschen.

Zu dem Schrank gehören noch zwei Schränkchen.

In einem Park sind viele Pflanzen und Pflänzchen.

Der Sportler hat starke Arme und keine Ärmchen.

unser Gärtchen

Unser winziger Garten ist eigentlich ein Gärtchen.

Die Tasche hat noch ganz viele kleine Täschchen.

Unterstreiche die Nomen (Namenwörter) und schreibe die Sätze richtig.

X	Einen kleinen raum bezeichnen wir als räumchen.	2
X	Die kleine maus ist eigentlich noch ein mäuschen.	2
X	Ein alter baum war einmal ein kleines bäumchen.	2
X	Die schaufel ist schwerer als kleine schäufelchen.	2
X	Wir haben ein haus und zwerge haben häuschen.	3
X	Der tischler braucht schrauben und schräubchen.	3

Die kleine Maus ist eigentlich noch ein
Mäuschen.

Ein alter Baum war einmal ein kleines
Bäumchen.

Einen kleinen Raum bezeichnen wir als
Räumchen.

Der Tischler braucht Schrauben und
Schräubchen.

Die Schaufel ist schwerer als kleine
Schäufelchen.

Wir haben ein Haus und Zwerge haben
Häuschen.

Lange und kurze Selbstlaute (Vokale)

Sind die Selbstlaute lang (—) oder kurz (●)?

		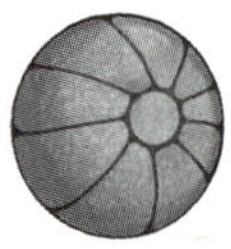			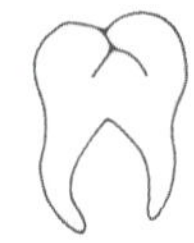
Hase	Jacke	Ball	Blatt	Hahn	Zahn
—	●	●	●	—	—
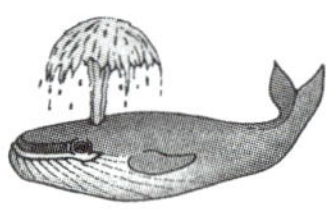	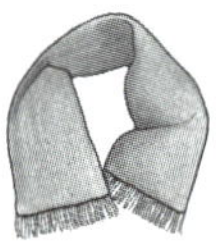				
Wal	Schal	Nase	Mann	Bagger	Fahne
—	—	—	●	●	—

Vase	Schatz	Tanne	Pfanne	Ameise	Affe
—	●	●	●	—	●
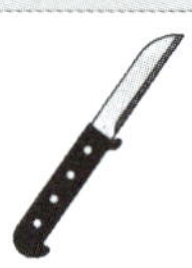		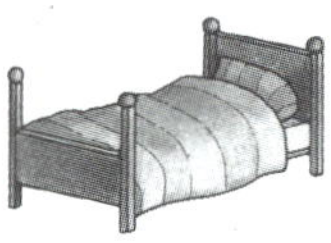	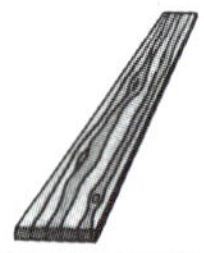	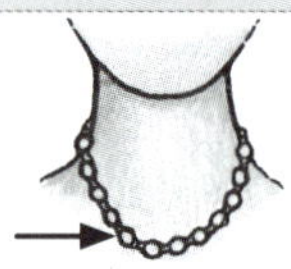	
Messer	Reh	Bett	Brett	Kette	Feder
●	—	●	●	●	—
			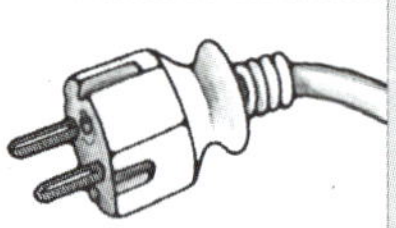		
Teller	Regen	zehn	Stecker	Teddy	Besen
●	—	—	●	●	—
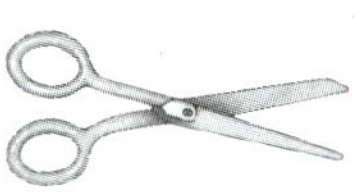	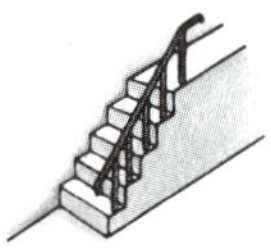				
Schere	Treppe	Regal	Kleber	Ente	Esel
—	●	—	—	●	—

! Zur Schulung des Sprachgefühls sind vorbereitende und ergänzende Sprech- und Hörübungen ratsam.

Lange und kurze Selbstlaute (Vokale)

Sind die Selbstlaute lang (—) oder kurz (●)?

			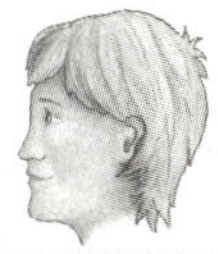		
Rock	Krone	Floß	Kopf	Hose	Dose
●	—	—	●	—	—
	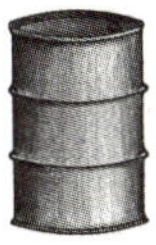				
Sonne	Tonne	Koffer	Los	Schloss	Rohr
●	●	●	—	●	—
	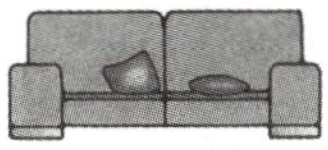	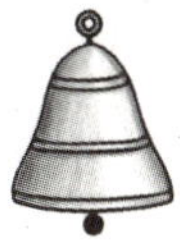			
Vogel	Sofa	Glocke	Pommes	Oma	Ordner
—	—	●	●	—	●
		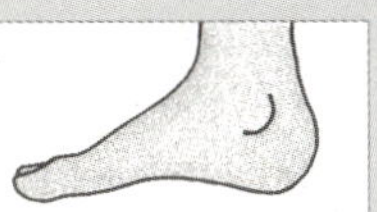			
Huhn	null	Fuß	Butter	Nuss	Hut
—	●	—	●	●	—

Fluss	Puppe	Buch	Stuhl	Tunnel	Schule
●	●	—	—	●	—
	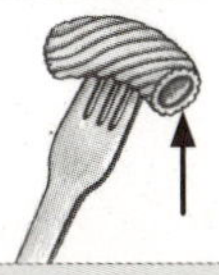		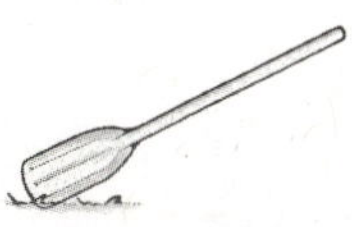		
Blume	Nudel	Brunnen	Ruder	Unfall	Ufo
—	—	●	—	●	—

Schreibe die Wörter mit ie.

lieb	Biene	sieben	Spiegel	Papier
vier	spielen	fliegen	Dienstag	Wiese
Tier	Brief	Frieden	Zwiebel	liegen

lieb	Biene	sieben
Spiegel	Papier	vier
spielen	fliegen	Dienstag
Wiese	Tier	Brief
Frieden	Zwiebel	liegen

Trage die Wörter mit ie in die Lücken ein.

Bienen • Dienstag • Papier • fliegen • liegen • lieb

Mia malt ein süßes Pony auf ein rosa Blatt Papier.

Bienen sind Insekten. Sie liefern Honig und Wachs.

An einem Dienstag im Mai hat Oma Opa kennengelernt.

Opa und Oma haben sich lieb. Opa sagt es Oma jeden Tag.

Erni und Gert fliegen mit dem Flugzeug nach Wien.

Im Urlaub liegen viele Kinder morgens länger im Bett.

Kreuze an.

Wie wird ein lang gesprochenes i meistens geschrieben? ☐ i ☒ ie

! Zur Schulung des Sprachgefühls sind vorbereitende und ergänzende Sprech- und Hörübungen ratsam.

Je ein Wort aus der grauen und der weißen Hälfte reimen sich. Schreibe die Reimpaare.

Fliege	kriechen	Spiel	lieben	viel	Riese
sieben	Brief	Tier	riechen	tief	lieb
Wiese	fliegen	Dieb	liegen	vier	Ziege

Fliege Ziege	kriechen riechen	Spiel viel
sieben lieben	Brief tief	Tier vier
Wiese Riese	fliegen liegen	Dieb lieb

Trage die Wörter mit ie in die Lücken ein.

Brief • Tier • Wiese • Zwiebel • fliegt • liegt • lieben

Das größte Tier der Erde ist der Blauwal.

Die Zwiebel ist ein Gemüse. Sie enthält ein scharfes Öl.

Auf der Wiese wachsen viele Gräser, Blumen und Kräuter.

Leo schreibt im Urlaub einen Brief an seine Tante.

Lars liegt im Freibad auf einer Decke im Schatten.

Ein Zugvogel fliegt im Herbst in wärmere Gegenden.

Oma und Opa lieben lange Spaziergänge im Wald.

Wortfamilien

Ordne die Wörter zu Wortfamilien.

spielen	lieben	siegen	mieten	sie siegt	abspielen
Liebe	geliebt	Liebling	Mieterin	gemietet	du mietest
Spiel	beliebt	gespielt	sie spielt	besiegen	anspielen
lieb	Mieter	verliebt	du liebst	Heimsieg	du spielst
Sieg	Sieger	gesiegt	Siegerin	vermietet	mitspielen
Miete	er liebt	er mietet	Spielfeld	du siegst	Vormieter

Wortstamm LIEB		
lieben	Liebe	geliebt
Liebling	beliebt	lieb
verliebt	du liebst	er liebt

Wortstamm MIET		
mieten	Mieterin	gemietet
du mietest	Mieter	vermietet
Miete	er mietet	Vormieter

Wortstamm SIEG		
siegen	sie siegt	besiegen
Heimsieg	Sieg	Sieger
gesiegt	Siegerin	du siegst

Wortstamm SPIEL		
spielen	abspielen	Spiel
gespielt	sie spielt	anspielen
du spielst	mitspielen	Spielfeld

Schreibe die Texte auf Seite 82 neben die passenden Bilder.

☒	Opa schreibt Liebesbriefe an Oma auf rosa Papier.	ie
☒	Wir singen nie ein Lied über ein fliegendes Klavier.	ie
☒	Sieben Bienen fliegen heute tief über die Schienen.	ie
☒	Die Ziege spielt friedlich unter einer riesigen Kiefer.	ie
☒	Die Diebe schieben sieben Stiere von einer Wiese.	ie
☒	Die Stiefel von fiesen Riesen riechen wie Zwiebeln.	ie
☒	Jeden Dienstag trinkt Opa ein Bier aus einem Sieb.	ie
☒	Der liebe Zwerg wiegt nicht so viel wie vier Fliegen.	ie
☒	Vor diesem Spiegel liegen wieder viele Spiegeleier.	ie

Verbinde die passenden Silben und schreibe die Wörter getrennt auf.

Kie, Nie	fer, te	Kie-fer	Nie-te
Rie, Sie	ger, se	Rie-se	Sie-ger
Zwie, Zie	bel, ge	Zwie-bel	Zie-ge
Bie, Stie	fel, ne	Bie-ne	Stie-fel
Lie, Frie	be, den	Lie-be	Frie-den
Spie, Wie	se, gel	Spie-gel	Wie-se
Flie, Mie	ge, te	Flie-ge	Mie-te
Brie, Lie	fe, der	Brie-fe	Lie-der

Abschreiben

Schreibe die Texte von Seite 81 neben die passenden Bilder.

Sieben Bienen fliegen heute tief über die Schienen.

Die Ziege spielt friedlich unter einer riesigen Kiefer.

Opa schreibt Liebesbriefe an Oma auf rosa Papier.

Jeden Dienstag trinkt Opa ein Bier aus einem Sieb.

Wir singen nie ein Lied über ein fliegendes Klavier.

Vor diesem Spiegel liegen wieder viele Spiegeleier.

Die Stiefel von fiesen Riesen riechen wie Zwiebeln.

Die Diebe schieben sieben Stiere von einer Wiese.

Der liebe Zwerg wiegt nicht so viel wie vier Fliegen.

Schreibe die Wörter mit ff und mm.

treffen	Affe	Löffel	Schiff	hoffen	schaffen
Waffel	Stoff	offen	sie nimmt	Pommes	Nummer
Stamm	dumm	Himmel	Zimmer	kommen	Sommer

ff

treffen	Affe	Löffel
Schiff	hoffen	schaffen
Waffel	Stoff	offen

mm

sie nimmt	Pommes	Nummer
Stamm	dumm	Himmel
Zimmer	kommen	Sommer

Trage die Wörter mit mm in die Lücken ein.

Himmel • kommen • Pommes • Zimmer • Sommer

Arne hat schon wieder sein Zimmer nicht aufgeräumt.

Im Sommer sind die Tage länger als im Winter.

Der Himmel ist blau. Die Sonne scheint. Es ist heiß.

Erni und Gert kommen zu spät zur Schule.

Viele Kinder essen gerne Pommes mit Ketchup.

Kreuze an.

Selbstlaute (Vokale) vor ff und mm klingen ☐ lang. ☒ kurz.

! Die Kinder können sich an den vorgegebenen Markierungen zur Länge der Selbstlaute (Vokale) orientieren.

ll nn

Schreibe die Wörter mit ll und nn.

fallen	hell	Bälle	sollen	schnell	rollen
füllen	still	alle	Donner	Donnerstag	rennen
Tanne	kann	Sonne	können	Männer	Spinne

ll

fallen	hell	Bälle
sollen	schnell	rollen
füllen	still	alle

nn

Donner	Donnerstag	rennen
Tanne	kann	Sonne
können	Männer	Spinne

Trage die Wörter mit ll und nn in die Lücken ein.

wollen • fällt • stellen • Sonntag • Mann

Maik und Marvin stellen ihre Stühle auf den Tisch.

Heute ist es sehr kalt. Vielleicht fällt sogar Schnee.

Tim und Wim wollen im Schnee einen Schneemann bauen.

Der Mann von Berts Tante Wanda ist Berts Onkel Willi.

Nach dem Samstag kommt der Sonntag.

Kreuze an.

Selbstlaute (Vokale) vor ll und nn klingen ☐ lang. ☒ kurz.

ss tt

Schreibe die Wörter mit ss und tt.

essen	Klasse	Schlüssel	Nuss	müssen	flüssig
Tasse	Messer	Wasser	Brett	Bett	Ritter
Mutter	Wetter	Mittwoch	Kette	Blatt	bitten

ss

essen	Klasse	Schlüssel
Nuss	müssen	flüssig
Tasse	Messer	Wasser

tt

Brett	Bett	Ritter
Mutter	Wetter	Mittwoch
Kette	Blatt	bitten

Trage die Wörter mit ss und tt in die Lücken ein.

muss • isst • Kuss • Schmetterling • Blätter

Oma gibt Olaf einen saftigen Kuss auf die Backe.

Malte isst ein Stück Apfelkuchen mit Senf.

Nach dem Essen muss Malte ganz schnell auf die Toilette.

Es ist Herbst. Die Blätter fallen von den Bäumen.

Der Schmetterling flattert durch die Luft.

Kreuze an.

Selbstlaute (Vokale) vor ss und tt klingen ☐ lang. ☒ kurz.

bb dd gg pp rr

Schreibe die Wörter mit bb, dd, gg, pp und rr.

dribbeln	knabbern	krabbeln	Paddel	Teddy	Pudding
Roggen	Bagger	Flagge	Suppe	Puppe	Gruppe
doppelt	Treppe	kippen	Herr	irren	knurren

bb

dribbeln	knabbern	krabbeln

dd

Paddel	Teddy	Pudding

gg

Roggen	Bagger	Flagge

pp

Suppe	Puppe	Gruppe
doppelt	Treppe	kippen

rr

Herr	irren	knurren

Trage die Wörter mit dd, pp und rr in die Lücken ein.

Teddy/Puppe • Treppe • Herr

Der Lehrer von Erni und Gert ist Herr Bommelmann.

Die Treppe vor Heidis Haus hat sieben Stufen.

Theo spielt mit seinem Teddy und Pia mit ihrer Puppe.

Kreuze an.

Selbstlaute (Vokale) vor bb, dd, gg, pp und rr klingen ☐ lang. ☒ kurz.

Selbstlaute (Vokale) vor doppelten Mitlauten (Konsonanten) klingen ☐ lang. ☒ kurz.

Ordne die Wörter zu Wortfamilien.

füllen	lassen	Füllung	verlassen	gelassen	zulassen
Füller	sie lässt	du füllst	anlassen	ausfüllen	einlassen
gefüllt	abfüllen	du lässt	einfüllen	vorlassen	umfüllen

Wortstamm LASS

lassen	verlassen	gelassen
zulassen	sie lässt	anlassen
einlassen	du lässt	vorlassen

Wortstamm FÜLL

füllen	Füllung	Füller
du füllst	ausfüllen	gefüllt
abfüllen	einfüllen	umfüllen

Je ein Wort aus der grauen und der weißen Hälfte reimen sich. Schreibe die Reimpaare.

Mann	Klasse	Zimmer	essen	wollen	Tonne
Blatt	Sonne	Puppe	kann	immer	Tasse
stellen	rollen	messen	satt	bellen	Suppe

Mann	Klasse	Zimmer
kann	Tasse	immer
Blatt	Sonne	Puppe
satt	Tonne	Suppe
stellen	rollen	messen
bellen	wollen	essen

Silbentrennung

Verbinde die passenden Silben und schreibe die Wörter getrennt auf.

Som / Was	ser / mer	Som-mer	Was-ser
Fül / Ted	ler / dy	Fül-ler	Ted-dy
Löf / Mes	ser / fel	Löf-fel	Mes-ser
Son / Mut	ne / ter	Son-ne	Mut-ter
Klas / Waf	fel / se	Klas-se	Waf-fel
Wet / Pup	ter / pe	Wet-ter	Pup-pe
Quel / Tan	ne / le	Quel-le	Tan-ne
Tas / Tel	se / ler	Tas-se	Tel-ler
Bril / Spin	le / ne	Bril-le	Spin-ne
Wol / Kis	sen / le	Wol-le	Kis-sen
Rit / Sup	pe / ter	Rit-ter	Sup-pe
Kof / Ket	fer / te	Kof-fer	Ket-te
Af / Ton	ne / fe	Af-fe	Ton-ne
Kan / Bag	ne / ger	Kan-ne	Bag-ger
Trep / Flag	ge / pe	Trep-pe	Flag-ge
Blät / Päs	se / ter	Blät-ter	Päs-se
Bet / Flüs	se / ten	Bet-ten	Flüs-se

Abschreiben

Silbentrennung

Schreibe die Texte auf Seite 90 neben die passenden Bilder.

X	Ulla soll noch schnell den Müll vor die Tür stellen.	ll
X	Ellis billige Brille fällt in einen Teller voller Grillen.	ll
X	Quallen haben kein Fell und sie bellen auch nicht.	ll
X	Olli rollt helle Bälle durch die Turnhalle und brüllt.	ll
X	Alle Kinder wollen für eine Sekunde still arbeiten.	ll
X	Der satte Schmetterling flattert von Blatt zu Blatt.	tt
X	Dem schönen Wetter folgen leider öfter Gewitter.	tt
X	Ritter Otto rettet die schöne Jutta vor einer Natter.	tt
X	Wir bitten unsere Mutter um Futter mit wenig Fett.	tt

Verbinde die passenden Silben und schreibe die Wörter getrennt auf.

bit es	ten sen	bit-ten	es-sen
wol hof	fen len	wol-len	hof-fen
müs fal	sen len	müs-sen	fal-len
kön rol	nen len	kön-nen	rol-len
fül fres	sen len	fül-len	fres-sen
sol mes	sen len	sol-len	mes-sen
stel ren	nen len	stel-len	ren-nen
tref pas	fen sen	tref-fen	pas-sen

Schreibe die Texte von Seite *89* neben die passenden Bilder.

Olli rollt helle Bälle durch die Turnhalle und brüllt.

Ulla soll noch schnell den Müll vor die Tür stellen.

Alle Kinder wollen für eine Sekunde still arbeiten.

Ellis billige Brille fällt in einen Teller voller Grillen.

Quallen haben kein Fell und sie bellen auch nicht.

Der satte Schmetterling flattert von Blatt zu Blatt.

Wir bitten unsere Mutter um Futter mit wenig Fett.

Dem schönen Wetter folgen leider öfter Gewitter.

Ritter Otto rettet die schöne Jutta vor einer Natter.

Unterstreiche die Nomen (Namenwörter) und schreibe die Sätze richtig.

Diesen sonntag kann die sonne wieder scheinen. 2

Am morgen badet anne lang in ihrer badewanne. 3

Die kinder der klasse wissen einiges über flüsse. 3

Wir essen eine nuss nicht mit messer und gabel. 3

Wir schwimmen im sommer unter freiem himmel. 2

In ihrem zimmer sammelt oma krumme pommes. 3

Am Morgen badet Anne lang in ihrer
Badewanne.

Diesen Sonntag kann die Sonne wieder
scheinen.

Wir essen eine Nuss nicht mit Messer
und Gabel.

Die Kinder der Klasse wissen einiges
über Flüsse.

In ihrem Zimmer sammelt Oma krumme
Pommes.

Wir schwimmen im Sommer unter freiem
Himmel.

Schreibe die Wörter mit ck und tz.

Brücke	backen	Ecke	Hecke	Rücken	Glück
Zucker	Schreck	Rock	Blitz	Witz	Katze
setzen	kratzen	Platz	Satz	Schmutz	sitzen

ck

Brücke	backen	Ecke
Hecke	Rücken	Glück
Zucker	Schreck	Rock

tz

Blitz	Witz	Katze
setzen	kratzen	Platz
Satz	Schmutz	sitzen

Trage die Wörter mit ck und tz in die Lücken ein.

Rücken • Zucker • Katze • Sätze • sitzt

Zu viel Zucker ist schlecht für die Zähne.

Viele Menschen schlafen nachts auf dem Rücken.

Nils sitzt in der Schule an seinem Platz und schwitzt.

Nils schreibt zwei lange Sätze in sein Heft.

Nach der Schule spielt Nils mit Mimi. Mimi ist seine Katze.

Kreuze an.

Selbstlaute (Vokale) vor ck und tz klingen ☐ lang. ☒ kurz.

Ordne die Wörter zu Wortfamilien.

sitzen	packen	gepackt	sie sitzt	du packst	einpacken
Sitz	verpacken	sitzend	er packt	besitzen	nachsitzen
du sitzt	anpacken	Packung	Sitzung	Sitzplatz	auspacken

Wortstamm SITZ

sitzen	sie sitzt	Sitz
sitzend	besitzen	nachsitzen
du sitzt	Sitzung	Sitzplatz

Wortstamm PACK

packen	gepackt	du packst
einpacken	verpacken	er packt
anpacken	Packung	auspacken

Je ein Wort aus der grauen und der weißen Hälfte reimen sich. Schreibe die Reimpaare.

Blitz	Blick	Hecke	Tatze	spitz	bücken
sitzen	Rock	Rücken	Block	dick	blitzen
Katze	Platz	Schreck	Dreck	Satz	Decke

Blitz spitz	Blick dick	Hecke Decke
sitzen blitzen	Rock Block	Rücken bücken
Katze Tatze	Platz Satz	Schreck Dreck

Silben trennendes h

Schreibe die Wörter mit h.

wehen	glühen	ruhen	stehen	drohen	drehen	fliehen
gehen	ziehen	sehen	blühen	nähen	leihen	krähen
Rehe	Kühe	Flöhe	Schuhe	Zehe	Mühe	Truhe

wehen	glühen	ruhen
stehen	drohen	drehen
fliehen	gehen	ziehen
sehen	blühen	nähen
leihen	krähen	Rehe
Kühe	Flöhe	Schuhe
Zehe	Mühe	Truhe

Schreibe die Wörter mit den Silben -hen und -he getrennt auf.

dre-	glü-	ru-	ste-	zie-	we-	-hen
flie-	nä-	blü-	ge-	lei-	se-	

dre-hen	glü-hen	ru-hen
ste-hen	zie-hen	we-hen
flie-hen	nä-hen	blü-hen
ge-hen	lei-hen	se-hen

Mü-	Ze-	Re-	Kü-	Flö-	Schu-	-he

Mü-he	Ze-he	Re-he
Kü-he	Flö-he	Schu-he

Silben trennendes h

Ordne die Wörter mit h zu.

weht	blüht	steht	flieht	geht
glüht	dreht	ruht	droht	näht
zieht	Kuh	Floh	Reh	Schuh

we-hen es weht	blü-hen sie blüht	ste-hen sie steht
flie-hen er flieht	ge-hen er geht	glü-hen sie glüht
dre-hen er dreht	ru-hen sie ruht	dro-hen er droht
nä-hen er näht	zie-hen sie zieht	die Kü-he die Kuh
die Flö-he der Floh	die Re-he das Reh	die Schu-he der Schuh

Trage die Wörter mit h in die Lücken ein.

steht/Kuh • blüht • Schuh/geht • dreht • Reh/flieht

Leas linker Schuh hat ein Loch. Lea geht zum Schuster.

Berta pflegt ihre Blume gut. Die Blume blüht und duftet.

Das Reh ist scheu. Es flieht bei Gefahr.

Auf dem Tisch steht Milch. Die Milch ist von einer Kuh.

Opa dreht den Deckel von der Milchflasche ab.

Merkwörter mit ß

Schreibe die Merkwörter mit ß.

Fuß	weiß	Straße	Soße	heißen	schließen
Floß	süß	gießen	bloß	grüßen	fließen
Spaß	groß	größer	heiß	stoßen	schießen

Fuß	weiß	Straße
Soße	heißen	schließen
Floß	süß	gießen
bloß	grüßen	fließen
Spaß	groß	größer
heiß	stoßen	schießen

Trage die Merkwörter mit ß in die Lücken ein.

Fuß • groß • Spaß • weiß • heißen • heiß

Heiner häkelt Kleider für Puppen. Häkeln macht Heiner viel Spaß.

Oma schimpft. Opa hat die Fensterscheiben weiß gestrichen.

Ein Riese ist nicht sehr klein. Ein Zwerg ist nicht sehr groß.

Maja hat ein schönes Tor mit dem rechten Fuß geschossen.

Tina hat zwei Freundinnen. Sie heißen Ina und Lina.

Am Nordpol ist es nicht so heiß wie in der Sahara.

Kreuze an.

Selbstlaute (Vokale) vor dem ß klingen ☒ lang. ☐ kurz.

Unterstreiche die Nomen (Namenwörter) und schreibe die Sätze richtig.

X	Auch große zwerge sind nicht größer als tomaten.	2
X	Zum spaß verkleiden wir uns oft als weiße geister.	2
X	Wie heißen bloß die beiden männer mit dem floß?	2
X	Wir gießen die heiße soße über einen süßen kloß.	2
X	Die kinder schießen und stoßen bälle mit dem fuß.	3
X	Der enkel von anke grüßt alle tiere auf der straße.	4

Die Kinder schießen und stoßen Bälle
mit dem Fuß.

Ankes
Enkel

Der Enkel von Anke grüßt alle Tiere auf
der Straße.

Auch große Zwerge sind nicht größer
als Tomaten.

Kloß
mit
Soße

Wir gießen die heiße Soße über einen
süßen Kloß.

Zum Spaß verkleiden wir uns oft als
weiße Geister.

Männer

Wie heißen bloß die beiden Männer mit
dem Floß?

Merkwörter mit aa, ee und oo

Schreibe die Merkwörter mit aa, ee und oo.

Paar	Haare	Waage	Tee	Meer
See	Beet	Schnee	leer	Klee
Speer	Fee	Boot	Zoo	doof

aa

Paar	Haare	Waage

ee

Tee	Meer	See
Beet	Schnee	leer
Klee	Speer	Fee

oo

Boot	Zoo	doof

Trage die Merkwörter mit aa, ee und oo in die Lücken ein.

Klee • Zoo • Meer • Schnee • Tee/leer • Fee/Haare • Boot/See

Im Zoo beobachtet Leo die Löwen in ihrem Gehege.

Auf einer Wiese findet Felix vierblättrigen Klee.

Es ist Winter. Alles ist weiß. Der Schnee glitzert in der Sonne.

Es ist Sommer. Stefan spielt am Strand und schwimmt im Meer.

Die kleine Fee zaubert Heidi goldene Haare auf den Kopf.

Ruth und Rudi rudern mit ihrem Boot über den See.

Thilo und Theo trinken Tee. Thilos Tasse ist schon leer.

Merkwörter mit Dehnungs-h

Schreibe die Merkwörter mit Dehnungs-h.

fahren	sie fährt	Zahl	bezahlen	zählen	Jahr
Zahn	Zähne	Bahn	nehmen	Lehrer	zehn
Verkehr	Ohr	Sohn	wohnen	Stuhl	Uhr

fahren	sie fährt	Zahl
bezahlen	zählen	Jahr
Zahn	Zähne	Bahn
nehmen	Lehrer	zehn
Verkehr	Ohr	Sohn
wohnen	Stuhl	Uhr

Trage die Merkwörter mit Dehnungs-h in die Lücken ein.

Stuhl • Bahn • Ohren • Jahr • Uhr/zehn • fahren/fährt • Zahn/Zähne • zählen/Zahl

Bert fährt mit der Bahn von Bremen nach Berlin.

Eine Katze hat genauso viele Beine wie ein Stuhl.

Eine Woche hat sieben Tage. Ein Jahr hat zwölf Monate.

Die Ohren des Hasen werden Löffel genannt.

Lea und Leo fahren mit dem Zug. Lena fährt Rad.

Ali schaut auf die Uhr. Es ist zehn Minuten vor acht.

Uli will bis 99 zählen. Die Zahl 14 mag er am liebsten.

Opi fällt ein Zahn aus. Nun hat er keine Zähne mehr.

Wortfamilien

Ordne die Wörter zu Wortfamilien.

wohnen	zahlen	fahren	rühren	abfahren	umrühren
er wohnt	gewohnt	Einzahl	Anzahl	berühren	Einwohner
du rührst	Fahrrad	bezahlt	Fahrer	wohnlich	bezahlen
bewohnt	befahren	Zahlung	Zahl	anrühren	Bewohner
Vorfahrt	Mehrzahl	er rührt	Fahrt	Rührung	Wohnung
gerührt	anfahren	sie zahlt	Rührei	gefahren	du wohnst

Wortstamm ZAHL		
zahlen	Einzahl	Anzahl
bezahlt	bezahlen	Zahlung
Zahl	Mehrzahl	sie zahlt

Wortstamm FAHR		
fahren	abfahren	Fahrrad
Fahrer	befahren	Vorfahrt
Fahrt	anfahren	gefahren

Wortstamm WOHN		
wohnen	er wohnt	gewohnt
Einwohner	wohnlich	bewohnt
Bewohner	Wohnung	du wohnst

Wortstamm RÜHR		
rühren	umrühren	berühren
du rührst	anrühren	er rührt
Rührung	gerührt	Rührei

Schreibe die Texte auf Seite 102 neben die passenden Bilder.

X	Der Lehrer spricht sehr lange über große Zahlen.	h
X	An kühlen Tagen fühlt sich Tante Tina nicht wohl.	h
X	Die kleine Sarah zählt einmal im Jahr ihre Ohren.	h
X	Ein Zahnarzt muss in schlechten Zähnen bohren.	h
X	Viele fahren nach Berlin. Maja fährt nach Mexiko.	h
X	Die Bahn muss im Verkehr die Vorfahrt beachten.	h
X	Die Köche nehmen Mehl und rühren es in Sahne.	h
X	Für seine Uhr hat Uli mehr als zehn Euro bezahlt.	h
X	Der Zwerg und sein Sohn wohnen in einer Bohne.	h

Trage die Wörter mit Dehnungs-h in die Lücken ein.

Stuhl • ohne/Fehler • Lehrerin • führt • erzählt • Höhle • Gefahr

Der Bär hält seinen Winterschlaf in einer Höhle.

Erni erzählt Gert einen lustigen Witz.

Opa sitzt auf einem rosa gestrichenen Stuhl aus Holz.

Annas Arbeit ist ohne einen einzigen Fehler.

Die Lehrerin schreibt ein schwieriges Wort an die Tafel.

Pferde flüchten bei Gefahr.

Der FC Hinkebein führt mit 61:0 gegen den SC Hackepeter.

Schreibe die Texte von Seite *101* neben die passenden Bilder.

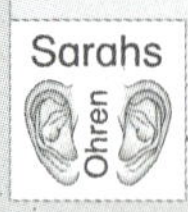

Die kleine Sarah zählt einmal im Jahr
ihre Ohren.

Mexiko

Viele fahren nach Berlin. Maja fährt nach
Mexiko.

An kühlen Tagen fühlt sich Tante Tina
nicht wohl.

Für seine Uhr hat Uli mehr als zehn Euro
bezahlt.

Der Lehrer spricht sehr lange über große
Zahlen.

Der Zwerg und sein Sohn wohnen in einer
Bohne.

Die Bahn muss im Verkehr die Vorfahrt
beachten.

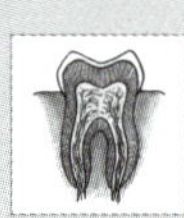

Ein Zahnarzt muss in schlechten Zähnen
bohren.

Die Köche nehmen Mehl und rühren es
in Sahne.

Merkwürdige Verben (Tunwörter)

Ordne die merkwürdigen Verben (Tunwörter) zu.

frisst	sieht	misst	liest	trifft	nimmt
isst	wirft	kann	wird	hilft	spricht
will	gibt	geschieht	weiß	mag	vergisst

fressen	sehen	messen
es frisst	er sieht	sie misst
lesen	treffen	nehmen
er liest	sie trifft	er nimmt
essen	werfen	können
sie isst	er wirft	sie kann
werden	helfen	sprechen
es wird	er hilft	sie spricht
wollen	geben	geschehen
er will	sie gibt	es geschieht
wissen	mögen	vergessen
sie weiß	er mag	er vergisst

Trage die merkwürdigen Verben (Tunwörter) in die Lücken ein.

liest/sieht • nimmt/isst • kann/gibt

Pia nimmt ein Stück Pizza und isst es auf.

Der Läufer kann nicht mehr laufen und gibt auf.

Opa liest ein Buch und Oma sieht fern.

Weitere Merkwörter

Ordne die Merkwörter zu.

Mai	März	Mädchen	Käfer	Pizza
Spaghetti	sechs	Obst	Herbst	Igel
Cent	Computer	Christbaum	Thermometer	

...ai Mai	...ä... März	...ä... Mädchen
...ä... Käfer	...zz... Pizza	...gh... Spaghetti
...chs sechs	...bst Obst	...bst Herbst
I... Igel	C... Cent	C... Computer
Ch... Christbaum	Th... Thermometer	

Trage die Merkwörter in die Lücken ein.

März/Mai • Pizza/Spaghetti • Igel/Herbst • Käfer/Obst • Thermometer/sechs

Pizza und Spaghetti essen viele Kinder gern.

Das Thermometer zeigt sechs Grad an.

Der März und der Mai haben 31 Tage.

Der Igel frisst sich im Herbst Fett für den Winter an.

Ein Käfer krabbelt über das Obst in der Schale.